L'ART
DE LA SIMPLICITÉ
EN CUISINE

DOMINIQUE
LOREAU

L'ART DE LA SIMPLICITÉ EN CUISINE

Robert Laffont

Conception de la maquette : © Laure Faucon

ISBN 978-2-221-26304-4
Dépôt légal : novembre 2022

S'aménager un espace donnant envie de cuisiner
Choisir les ustensiles adaptés à ses besoins
Prendre le temps de s'approvisionner
Acquérir quelques bases
Et…
Prendre du plaisir

Introduction

NOUS CUISINONS DE MOINS EN MOINS, SURTOUT LORSQUE NOUS VIVONS SEULS

Une de mes amies, à présent mariée à un bonze, affirmait qu'il n'y a rien de plus difficile que de cuisiner quotidiennement pour soi-même. Quoi de plus vrai ? Combien, parmi ceux qui vivent seuls, prennent le temps de se préparer un vrai repas, et, en outre, d'y prendre du plaisir ? Murakami Haruki, célèbre auteur japonais, aimait à dire que ce que nous mangeons reflète ce que nous sommes. Son roman *1Q84* met en scène une riche veuve septuagénaire, la Dowager (la douairière). Celle-ci, comme la décrit l'auteur pour soutenir ses convictions sur l'importance d'une bonne alimentation, ne se nourrit que d'ingrédients simples, naturels, et même plutôt français. Ses repas peuvent se composer, pour donner une idée de son quotidien, d'un plat d'asperges blanches bouillies, d'une salade niçoise et d'une omelette au crabe. Et puis, bien sûr, la Dowager mange avec délicatesse, ne prenant que de petites portions et buvant son thé « comme une fée au fond d'une forêt siroterait la rosée du matin ». On devine, à travers ses menus et à ses belles manières, qu'elle est non seulement éduquée et raffinée, mais « éclairée ». Par opposition figure, dans le roman, un autre personnage, Ushigawa (nom de famille japonais qui pourrait se traduire par « rivière des vaches »). Lui, c'est un pauvre type qui mange comme un pauvre type. Il n'a pas de vie. Contrairement à la Dowager qui prend soin d'elle-même et mange des légumes frais, il se nourrit de pêches au sirop en boîte et de beignets à la confiture, pouvant passer des jours sans un seul repas chaud. La Dowager traite son corps comme un temple ; lui, comme une poubelle. Elle est en paix avec elle-même ; lui, non. Si des asperges bouillies et une omelette au crabe ne peuvent être consommées que si elles ont été cuisinées, une boîte de pêches au sirop, en revanche, ne nécessite aucune préparation. Malheureusement, de plus en plus de personnes se nourrissent comme Ushigawa.

Pourquoi la plupart des personnes vivant seules cuisinent-elles peu ou pas ?

Industrialisation, nouveaux modes de vie… Pourquoi, objectera-t-on, cuisiner alors que nous avons, d'un clic, accès à tant de produits surgelés, congelés, précuisinés, ou à la livraison à domicile ? Les techniques de conservation de produits surgelés, la biotechnologie des produits frais, les procédés UHT ou la cuisson sous vide, le conditionnement des aliments ainsi que les modes de distribution font que l'on peut se nourrir sans plus pratiquement avoir à cuisiner. Alors, surtout quand on vit seul, soit par choix, soit parce que l'éloignement professionnel nous y oblige, soit parce qu'on est séparé, divorcé, âgé, ou que l'on a perdu son (ou sa) compagne, pourquoi se donner la peine de cuisiner pour soi ? Si, pour certains, cuisiner s'apparente à une passion ou représente une habitude, cela est ressenti par bien d'autres comme une corvée et une perte de temps : décider des menus, faire les achats, s'occuper de la préparation et de la conservation des aliments, laver la vaisselle, la nettoyer, la ranger… Et puis, la plupart du temps, on ne sait pas cuisiner. Une partie de plus en plus importante de la population vivant seule (en majorité les hommes et les jeunes) n'a aucune idée de comment préparer un repas. Les jeunes quittant le domicile familial, par exemple, n'ont pour savoir-faire que la cuisson des pâtes ou les soupes instantanées. Surtout si leurs parents (la génération précédente fut la première à se nourrir de préparations et sauces industrielles) ne cuisinaient pas ou de moins en moins. De plus, c'est un fait avéré, la plupart manquent de motivation.

Quelles sont les répercussions d'un mode alimentaire industriel ?

« Les restaurants, les auberges au jambon
qui sent le salpêtre et au café délavé :
dire que je pourrais manger chez moi, pour le même prix,
le meilleur jambon fumé du Wiltshire !
On importe de plus en plus de produits :
quelle décadence, si ce n'est une malhonnêteté calculée ! »

George Gissing, Les Carnets d'Henry Ryecroft
(Archibald Constable, 1903)

Santé physique, mentale, budget, bonne humeur, minceur, bien-être, qualité de vie, respect de la planète… tout est affecté par le fait que nous consommons de plus en plus d'aliments industriels. Mais ce n'est pas tout : se nourrir ainsi, à la va-vite, engendre, on le constate, des problèmes relationnels (dus, entre autres, à un tempérament agressif…), de nervosité et de déséquilibre psychique. Combien, parmi ces personnes, font le rapport entre leur façon de se nourrir et leurs problèmes, leur faculté progressivement décroissante de raisonner sainement, intelligemment, et de faire face aux multiples problèmes de la vie ? La manière de s'alimenter, parce qu'elle fait bel et bien partie de notre existence, doit être considérée, en ce sens, comme une philosophie. On ne peut raisonner avec sagesse que si la vie est accompagnée de concret, affirmait le philosophe chinois

Lin Yutang. Or qu'y a-t-il de plus concret que de prendre soin de sa santé physique et mentale en cuisinant ses propres mets avec des ingrédients sains et naturels ?

Cuisiner calme, apaise

« Alterner action et réflexion : ranger, nettoyer, cuisiner… le cerveau est conditionné pour affronter les tâches physiques importantes ; celles-ci sont nécessaires à l'équilibre mental… Cela libère des endorphines, connues pour être les hormones qui procurent apaisement et bien-être. »

Véronique Aïache, L'Éloge de la solitude *(Flammarion, 2020)*

Cuisiner est l'une des meilleures thérapies qui soient. S'activer manuellement apporte de profondes satisfactions : le plaisir des sens, celui de l'accomplissement… Les occupations sur un ordinateur n'offriront jamais ni les mêmes avantages, ni la même gratification tactile. De plus, cuisiner permet de s'ancrer dans le moment présent, d'oublier le passé et le futur. Tant de personnes ne vivent que pour passer des vacances loin de chez elles, se projetant constamment dans ce qui n'est pas encore advenu ! Elles mangent vite sur le coin de la table, bâclant leurs repas sauf, peut-être, le temps d'un week-end entre amis. Mais la vie, ce n'est pas cela ; la vie peut s'arrêter demain, et même aujourd'hui. Ceux qui cuisinent régulièrement disent avoir besoin de ces moments-là pour structurer leur quotidien, pour l'équilibrer. Cela les aide aussi à se sentir un peu, en quelque sorte, comme les acteurs de leur vie et à avoir ainsi le contrôle de celle-ci.

Cuisiner, une façon de se protéger du monde extérieur

« Dénigrer autrui ?
Je me lave l'esprit
En écossant mes pois »

Ozaki Hôsai, poète japonais de la fin de l'ère Meiji et de l'ère Taishō

Dans *Chroniques de l'oiseau à ressort*, un autre roman de Murakami, le personnage principal, Tengo, qui a perdu son travail, passe principalement son temps à cuisiner et à rechercher son chat perdu. Au début du roman, le téléphone sonne alors qu'il est en train de se préparer des spaghettis et un sandwich tomates-jambon. Il essaie de résister pour ne pas répondre avant d'avoir fini de préparer sa nourriture. Il laisse sonner trois fois et coupe son sandwich en deux, puis il le met sur une assiette, essuie le couteau et le range dans le tiroir avant de se verser une tasse de thé qu'il a fait réchauffer. Le téléphone continue à sonner. Tengo est conscient de chacun de ses petits gestes. En laissant le téléphone sonner, il essaie de bloquer le monde extérieur, de l'empêcher de faire intrusion dans sa routine.

Cuisiner n'est pas du temps perdu

« Repas d'automne
Par la porte ouverte
Entre le soleil du soir »

Miura Chora, poète japonais, haïku

Tengo, donc, cuisine régulièrement. C'est l'occasion pour lui de prendre le temps de réfléchir à ses problèmes, de penser à ses écrits, de prendre du recul sur les événements de la journée, d'y trouver un sens, de réfléchir, et de se détendre. Il sent qu'il peut faire tout cela de façon bien plus efficace en étant debout dans sa cuisine et en remuant les mains qu'en restant sans rien faire. Le fait de se concentrer sur ce qu'il fait lui permet presque, en quelque sorte, de rentrer en méditation. En d'autres termes, il prend le temps de vivre. Il ressent des vagues de calme en préparant ses dîners après une journée stressante.

Que signifie « cuisiner » ?

« Nous vivons au plein milieu de la vaste dissolution des habitudes anciennes. »

Walter Lippmann, A Preface to Morals *(Macmillan Co., 1929)*

« Cuisiner », tel qu'on l'entend généralement, ne signifie pas forcément faire de la cuisine gastronomique et laisser mariner une joue de bœuf pendant deux jours avant de la faire mijoter trois heures. Cela peut être tout bonnement savoir préparer un petit repas simple avec trois fois rien en dix minutes. Cuisiner, c'est d'abord et surtout manger des choses qui ont été préparées par soi. Mais attention : cuisiner ne se résume pas à jeter quelques ingrédients dans une poêle. Car cuisiner, cela englobe un tout. Un tout qui présuppose non seulement de préparer des plats, mais aussi de prendre soin d'aménager sa cuisine (ou son coin cuisine) pour s'y affairer sans stress, de prendre le temps de sélectionner les ustensiles adaptés à ses besoins, puis d'aller faire les courses, de savoir convenablement les stocker afin qu'elles ne s'abîment pas, d'avoir des astuces pour réutiliser les restes, et enfin de savoir comment toujours garder sa cuisine propre et nette afin d'avoir envie d'y cuisiner à nouveau. Autrefois, ce savoir se transmettait de mère en fille. De nos jours, bien des personnes (surtout les hommes) ne savent absolument pas par où commencer, ni comment s'y prendre.

Cuisiner n'a pas à être une corvée ni une tâche chronophage

Cuisiner pour soi chaque jour (ou du moins régulièrement) devrait faire partie du quotidien, tout comme dormir, se laver et travailler. Quelques conditions de base, cependant, sont préalablement nécessaires. Pour cela, il faut :

- se créer (ou recréer) un espace agréable et ergonomique donnant envie de cuisiner ;
- se procurer les « bons » ustensiles (des ustensiles de qualité, adaptés à ses besoins, à sa taille, à son âge et à sa culture) ;
- s'établir une petite routine non chronophage pour les courses et le stockage des aliments ;
- acquérir, plutôt que de s'épuiser à suivre péniblement des recettes sur son smartphone, quelques techniques de base pour préparer un repas sans avoir recours à quelque support électronique ou papier que ce soit ;
- trouver sa propre méthode pour procéder dans la préparation des repas avec efficacité et soin ;
- savoir maintenir sa cuisine propre, et sans efforts.

Première partie

ESPACE CUISINE, USTENSILES ET VAISSELLE

L'IMPORTANCE D'UN ESPACE À CUISINER PRATIQUE ET ERGONOMIQUE

Une minuscule cuisine n'empêche pas de cuisiner

« Mon record fut une cuisinette de moins d'un mètre carré. Autant dire un placard. On peut cuisiner sans problème dans des espaces exigus à condition d'être parfaitement organisé. »

Ôna Maiocco

Une plaque de cuisson (induction, électricité, gaz…), une planche à découper, quelques étagères, une poêle et une casserole accrochées au mur, voilà de quoi suffire pour se préparer de bons petits repas maison. Le célèbre chef Jonah Reider dit avoir commencé à se passionner pour la cuisine dans sa chambre universitaire. Toute personne qui possède dans son espace de vie un évier sous lequel elle a la possibilité d'installer un de ces mini-réfrigérateurs de camping-car peut s'aménager un coin cuisine. Il ne restera plus alors qu'à fixer une étagère pour un peu de vaisselle, et une tringle à crochets pour les ustensiles. Ce qui n'a pas besoin d'être réfrigéré peut être rangé dans un ou deux paniers au sol.

La cuisine : conventionnelle ou originale ?

« J'ai coutume de dire que restaurer une demeure ou construire une maison est absolument la même chose qu'étudier ou écrire. »

Li Yu, philosophe et poète chinois

Un de mes amis vit seul dans un magnifique appartement parisien ancien de 60 mètres carrés. Mais il n'a pas de cuisine à proprement parler : juste un coin de 2 mètres de long, 61 centimètres de large et 97 centimètres de hauteur (la hauteur du plan de travail est très importante pour ne pas attraper mal au dos, précise-t-il) dans lequel il cuisine tous ses repas, y compris pour une demi-douzaine d'amis le week-end. Pour comprendre que l'on a vraiment besoin de très peu d'espace pour cuisiner, je vous conseille le livre *La Cuisine du 6e étage* de Nathalie George, une bourgeoise désargentée qui vit dans une chambre de 10 mètres carrés sous les toits, mais qui cuisine régulièrement (non seulement pour elle mais aussi parfois pour ses voisins) grâce à un minuscule espace aménagé de 50 × 50 centimètres au fond du couloir de son étage. Bien que son réchaud soit à même le sol, cela n'empêche pas cette femme de préparer de délicieux repas, simples mais dans le style bien particulier de la tradition parisienne.

Avec peu, chaque chose a sa place, et chaque place à sa chose

« La vitrine… dans l'acte d'ouvrir la porte,
de choisir un objet et de tendre la main pour s'en saisir,
se concentre un instant de séduction,
une rencontre électrisante entre la main et l'objet. »

Edmund de Waal, Le Lièvre aux yeux d'ambre
(Flammarion, coll. Champs, 2015)

Avec peu, tout est facilité dans une cuisine : sortir et ranger les ustensiles et les aliments, mais aussi les préparer et les cuisiner (stocker, laver, découper, cuire, assaisonner), ou mettre la table, préparer son plateau. Pour que chaque action soit efficace et fluide et que les gestes soient réduits au strict nécessaire, il faut donc réunir dans l'espace adéquat les éléments qui y participent. Pour cela, l'idéal est d'avoir à portée de main ce qui est utilisé le plus souvent et de ranger le reste pour maximiser l'espace. Pourquoi, par exemple, à chaque fois que vous prenez un repas, sortir vos couverts du tiroir puis les y ranger ? Placez-les dans un joli pot que vous poserez dans un coin du placard, et que vous apporterez directement sur la table. J'ai découvert récemment la délicieuse paresse de laisser sur mon plan de travail la petite pile de vaisselle que j'utilise au quotidien. Pourquoi, lorsque l'on vit seul ou à deux, s'évertuer à remettre, matin, midi et soir, la vaisselle dans un buffet si c'est pour la ressortir quelques heures plus tard ? Pour qu'un rangement soit parfait, ne l'oublions pas, il faut faire de l'accessibilité la priorité. Pas de double rangée d'objets sur les étagères, par exemple. Si quelque chose est difficile d'accès, c'est que vous ne vous en servez pas beaucoup. Vous pouvez donc vous en passer. Quant aux objets utilisés quotidiennement, ils devraient pouvoir être sortis et remis à leur place d'un geste. La poêle appartient à son crochet, la râpe va dans son compartiment du tiroir, et telle casserole s'encastre dans telle autre (ou s'empile, une fois son couvercle à l'envers).

La zone d'or

« Il faut vivre avec ses objets comme avec des personnes : les respecter, les aimer, leur attribuer un espace. »

Shibani Miyamoto, spécialiste des ustensiles de cuisine traditionnels

La règle d'or, c'est de placer ce que l'on utilise le plus fréquemment dans un espace situé entre les yeux et la taille. Il n'est pas normal d'avoir à se mettre à quatre pattes pour sortir une poêle. Enfin, ne vous évertuez pas à remettre un objet à un endroit s'il revient toujours à un autre. Même si cela ne vous semble pas logique, c'est là que cet objet veut et doit donc être.

Vivre avec des objets ergonomiques

« Le vrai secret du bonheur réside
dans le fait de s'intéresser en profondeur
à tous les détails du quotidien. »

William Morris, The Aims of Art
(London : Office of « The Commonweal », 1887)

Abusez et abusez à nouveau des casiers, des petits paniers. Petit mixeur, torchons, pommes de terre, oignons, ramequins et autre petite vaisselle, set à thé pour les invités (théière, tasses et soucoupes), petits objets de « déco de la table » (coasters, porte-baguettes, bougies, jolies serviettes en papier ou en tissu…) : tout cela appartient à des boîtes sans couvercle ou à de petits paniers en osier, rotin, bambou… Ceux-ci, sur une étagère, rendent agréable l'effet visuel de la cuisine. Les boîtes, elles, conviennent mieux aux placards fermés.

Ce qui est ergonomique, c'est ce qui fait économiser des gestes. Par exemple :

- un distributeur de liquide vaisselle du type « push down » : on appuie avec l'éponge et le liquide sort ;
- l'huile et le vinaigre utilisés le plus souvent... dans des flacons à bec verseur très fin sans bouchon ;
- une petite éponge (on peut en couper une grosse en deux) ;
- des bols sans socle (séchant plus rapidement) ;
- des verres à eau, tasses, bols, ramequins s'empilant parfaitement ;
- des bocaux et flacons étiquetés (même si vous savez ce qu'un flacon contient) – y compris les produits de nettoyage –, votre temps de « reconnaissance cognitive » sera plus court ;
- des range-revues dans le bas d'un placard ou d'un tiroir profond, pour les plateaux, poêles, rouleaux de papier sulfurisé, et même les oignons et pommes de terre ;
- une tringle avec des crochets en S, au-dessus de l'évier ou de la gazinière, pour accrocher ce qui est utilisé quotidiennement et qui peut, après le lavage, sécher à l'air libre.

UNE « BONNE » BATTERIE DE CUISINE

Une cuisine trop encombrée ne donne pas envie de cuisiner

« C'est une loi non écrite :
ce sont les gens qui ne cuisinent pas et qui ne goûtent pas
la saveur des aliments qui possèdent les cuisines
les plus fabuleusement équipées. »

Pat Conroy, Beach Music *(Albin Michel, 1996)*

On le sait, cuisiner dans une cuisine trop encombrée est stressant. Une amie me parlait du déclic l'ayant incitée à désencombrer la sienne : un été, elle et sa famille (trois couples avec enfants) avaient loué une villa. La cuisine était grande, spacieuse, mais les placards n'étaient remplis que du strict nécessaire : quelques ustensiles et de la vaisselle basique. Comment, se demanda-t-elle, allaient-ils bien pouvoir tenir quinze jours avec si peu ? Si les couverts étaient utilisés une fois, il faudrait les laver pour le repas suivant. Et pourtant, à la surprise générale, cet été-là, la famille, qui adorait aller au restaurant, ne fit presque aucune sortie : tout le monde adorait cette cuisine. Mon amie, de retour dans son appartement new-yorkais, mit alors dans des cartons tout ce qu'elle n'utilisait qu'occasionnellement. Elle voulait recréer, comme dans cette villa, la facilité et le plaisir de cuisiner avec peu. Elle avait compris que lorsqu'on possède peu, on utilise ses ustensiles de façon plus ingénieuse, et que le plaisir en est d'autant plus accru. Cuisiner se fait alors avec plus d'aisance et de fluidité. Il y a moins de désordre sur le plan de travail, moins de vaisselle à laver, moins de gestes désagréables et pénibles à exécuter.

Une petite casserole et une grosse (un faitout) servent à tout pratiquement cuisiner

« Attention aux casseroles vendues par séries.
Une personne vivant seule n'a pas les mêmes exigences qu'une famille de cinq. Il faut observer ses habitudes et évaluer ses besoins. Dans une batterie de cuisine préassemblée, il y a souvent des pièces que l'on finira par utiliser très peu, et d'autres dont on aurait besoin en deux ou trois exemplaires.
L'idéal est d'acheter à la pièce, puis de compléter au fil du temps. »

Conseils d'un marchand honnête

Autrefois, on possédait un seul ustensile de cuisson, le faitout dans lequel, comme son nom l'indique, on faisait « tout » : soupes, pâtes, légumes, céréales, viandes en sauce, plats mijotés... Pourtant, avec l'apparition de nouveaux matériaux, de nouvelles formes et surtout de nouvelles techniques de marketing toujours plus machiavéliques, il a perdu son côté multifonctionnel. On possède de nos jours un ustensile différent pour quasiment chaque préparation culinaire (une friteuse pour les frites, une plaque pour les raclettes, une poêle pour les crêpes, une autre pour la viande, une autre encore pour le poisson...). Mais n'y a-t-il pas moyen de posséder moins ? Évidemment, s'évertuer à tout vouloir cuisiner dans une seule et même casserole compliquerait la vie plutôt que la faciliter, mais quelques ustensiles de cuisson comptés sur les doigts de la main, à condition d'être bien choisis, peuvent remplir de multiples fonctions.

La multifonctionnalité d'une bonne et seule casserole

« Je n'aurais jamais pensé que ce simple achat
puisse opérer un changement aussi profond sur ma vie,
mais cela a vraiment été le cas ! Inutile, désormais,
de m'encombrer d'un pot à légumes,
d'une série de casseroles encombrantes.

À elle seule, cette casserole me permet de réussir mes ragoûts en un rien de temps, de préparer des légumes et des soupes, mais également des plats à base de viande. Sa magie réside dans sa bonne conduction de la chaleur, grâce à laquelle le plat cuit rapidement et peut rester au chaud pendant longtemps. »

L'heureux propriétaire de sa première vraie et belle casserole en inox

Si, pour faire bouillir un peu d'eau chaude, réchauffer une soupe ou faire cuire quelques œufs durs, une petite casserole est indispensable (veiller à la choisir avec un rebord verseur légèrement incurvé pour que les liquides ne gouttent pas), une seconde, celle-là plus grande, à condition d'être de la meilleure qualité, répond à pratiquement tous les besoins : faire griller puis mijoter un rôti ou un poulet, faire cuire les pâtes, le riz et autres céréales, préparer une soupe et même, si cette casserole est munie d'un manche amovible, l'utiliser au four. Elle rend exactement les mêmes services et le même goût qu'une cocotte en fonte. Les critères pour la choisir ?

- Sa matière : de l'inox. Toujours de l'inox 10/18 (18 % de chrome et 10 % de nickel). L'inox est le matériau le plus facile à laver et reste rutilant même après vingt ans. Fini l'enfer du récurage, comme avec les casseroles en fonte ou en émail. Rien n'y attache. Une bonne casserole épargne non seulement du stress, mais elle donne envie de cuisiner.

- Un fond très épais de 5 à 7 couches, voire 9 (plus il y a de couches, meilleure est la qualité).
- Un couvercle parfaitement hermétique pour empêcher la vapeur de s'échapper, ou pour accélérer une ébullition. Les spécialistes recommandent les couvercles en métal épais, plus chers que ceux en verre, mais plus isolants. Avec un bon couvercle, très peu de vapeur s'échappe : inutile alors d'utiliser une hotte. On économise de l'énergie et on réduit les odeurs dans la cuisine.
- Un rebord verseur.
- Une bonne poignée : si celle-ci est amovible ou incurvée à la verticale, non seulement le rangement sera plus facile, mais on pourra mettre cette casserole au four pour y faire rôtir un pavé de viande ou une petite volaille, en guise de cocotte. Si vous vous sentez cependant plus à l'aise avec une « vraie » poignée, sachez que de celle-ci dépend aussi le prix de votre casserole. Évitez les poignées en bakélite, surtout si vous avez un feu à gaz. Privilégiez les poignées soudées à celles fixées avec des rivets (qui nécessitent de percer la casserole et d'y ajouter un boulon, ce qui crée une rupture dans le matériau et cause, avec le temps, un affaiblissement mécanique – à force de la faire sauter, par exemple – et une légère perte de chaleur). De plus, une anse fixée à la soudure a l'avantage d'être thermo-isolante

(elle ne brûle pas la main, même quand la casserole est bouillante).

- Un intérieur gradué (très utile pour mesurer les liquides).
- Une largeur égale ou légèrement supérieure à sa hauteur (pour pouvoir y placer une marguerite ou une plaque à cuisson vapeur).
- Enfin, si vous pouvez, choisissez une casserole aux parois légèrement bombées : cette forme empêche l'eau des pâtes ou du riz de déborder.

Combien de poêles possédez-vous ?

« Aujourd'hui je n'utilise quasiment plus qu'une poêle en fer (campagnarde) et un faitout en inox. Dans ma poêle, je cuisine tout ce qui se saisit à vif ou se fait sauter – les œufs, les steaks, etc. Dans mon faitout, les légumes, les céréales, les légumineuses, les soupes… »

Une amie

La plupart des foyers possèdent une demi-douzaine de poêles. Moi qui déteste l'accumulation, j'ai longtemps cherché la solution pour n'en posséder qu'une, dans laquelle je pourrais pratiquement tout faire. J'ai même, à une époque, possédé un petit wok coréen (à fond plat et couvercle, contrairement au wok chinois qui est généralement volumineux et instable sur un rond de gazinière), admirant le principe de cet ustensile unique dans lequel les Coréens cuisinent absolument tout, et en un rien de temps. Certes, ce petit wok coréen était mieux qu'un wok traditionnel, mais j'ai vite eu envie de revenir à une poêle ordinaire. Après en avoir testé des dizaines (ce qui faisait rire en douce mes amies !), espérant toujours trouver *la* poêle unique et parfaite, mais sans jamais y arriver, j'ai enfin trouvé une solution qui me satisfait désormais sans trop me frustrer : accepter d'avoir deux poêles. L'une, de petite taille et en fer, que j'utilise pour les œufs au bacon le matin, un steak de taille moyenne, de petites crêpes, des galettes ou des blinis, et l'autre, une sauteuse, qui est devenue mon ustensile de cuisine le plus utilisé. Si les fous de cuisine ne jurent que par les poêles en fonte, tant mieux pour eux ; mais pour les autres, comme moi, de telles poêles ne sont pas pratiques. Non seulement elles demandent de l'entretien, mais elles sont très lourdes (1,5, voire 2 kilos). Pas question, donc, de les manipuler si l'on a une tendinite, le poignet cassé ou si l'on a atteint un grand âge. De plus, la fonte ne supportant pas l'acidité (tomates, citron, vinaigre) qui attaque le culottage et donne un mauvais goût aux mets, cette poêle ne suffit pas pour tout cuisiner. Il faut donc en avoir deux ou trois autres.

La sauteuse, le plus multifonctionnel des ustensiles de cuisson

« Le monde aujourd'hui est malade jusqu'aux os du manque des choses élémentaires, d'un feu de bois devant ses mains, d'une eau pure sortant du sol, d'air, de terre fraîche sous ses pieds. »

Henry Beston, écrivain américain

La sauteuse est moins commune, dans les foyers, qu'une poêle ordinaire. Elle est surtout le choix des pros et amateurs de gastronomie. Et pourtant, c'est de loin le plus fonctionnel des ustensiles de cuisine. Une sorte de deux-en-un entre la casserole et la poêle à frire. Ses parois, plus hautes que celle d'une poêle à frire, sont soit incurvées, soit droites. Ses rebords, légèrement hauts, servent, comme son nom l'indique, à faire sauter les aliments. Mais pas seulement : on peut y faire mijoter, après l'avoir fait griller, une viande. Elle est parfaite pour la cuisson du riz, des pâtes, des légumes. Une sauteuse est moins volumineuse qu'une casserole et, quand on la voit, on a déjà envie de cuisiner. À elle seule, elle remplace la friteuse, le cuit-vapeur, les poêles à frire, le faitout, les autres casseroles. De plus, si sa poignée est amovible, elle peut passer au four. Quant à son choix, les critères sont les mêmes que ceux d'une bonne casserole (acier inoxydable, fond épais, rebord verseur et couvercle hermétique...). Le seul bémol qu'on puisse objecter est la nécessité de bien la laisser chauffer avant utilisation, afin que les aliments n'y accrochent pas. Mais une fois cette habitude prise, cet ustensile est vraiment le must des amoureux de la simplicité et de la commodité.

Pour le four, un ou deux plats suffisent

« Canard au four avec du persil sauvage
Première glace des rivières
Au pied de la montagne »

Matsuo Bashō, poète japonais du XVIIe siècle

Une amie, mère d'une famille de quatre, me disait qu'elle ne possédait qu'un plat à four, mais qu'elle l'utilisait tout le temps. Un plat à four est extrêmement pratique et peut s'utiliser de multiples façons. Il suffit d'y déposer quelques aliments, d'enfourner puis d'attendre, que ce soit de simples légumes arrosés d'un peu d'huile d'olive et de fines herbes, un poulet, une quiche ou un crumble aux pommes. Les plus faciles à ranger sont les rectangulaires ou les carrés. On l'oublie parfois, mais ils font aussi parfaitement office de récipients à mariner, à rouler de petits pâtés, à laisser refroidir des légumes (sur une grille intérieure aux mêmes dimensions), ou à laisser lever une boule de pain. Enfin, contrairement à ce que l'on pense, les meilleurs ne sont pas ceux en Pyrex ou en terre cuite, mais ceux en inox, matière qui conduit impeccablement la chaleur, surtout sur le fond du plat, sans parler, une fois de plus, de la corvée de récurage à laquelle elle permet d'échapper.

Au final, cinq ou six ustensiles de cuisson sont amplement suffisants

Bien sûr, excepté la petite casserole, on pourrait tout faire dans chacun de ces ustensiles. Une de mes amies m'assure avoir vécu avec une seule casserole pendant un an. Mais, sur le long terme, étant donné qu'un repas équilibré nécessite légumes, protéines et céréales, afin de pouvoir les préparer simultanément et sans stress, posséder peu mais suffisamment est, de loin, ce qu'il y a de plus « juste », raisonnable et pratique. Le reste (cocotte en fonte, friteuse, cuit-vapeur, poêles à usage unique – blinis, poisson, crêpes…) est accessoire. Ce dont on a réellement besoin pour cuisiner au quotidien, sans vouloir faire de « grande cuisine », se résume donc à ceci :

- une petite casserole (pour l'eau chaude, les petites soupes, les œufs durs, les sauces…) ;

- une grande casserole (pour les légumes, les currys, les plats mijotés…) ;
- un faitout (pour les céréales, les légumineuses, les gros légumes…) ;
- une sauteuse ;
- une petite poêle en fer pour les œufs au plat, des blinis, des galettes de céréales… ;
- un plat ou deux pour le four (un moule à cake et un plat à tarte).

Le blender (ou mixeur plongeant) : le seul ustensile électrique vraiment nécessaire

« Je n'aime pas les appareils électriques pour râper les choux ou les carottes. Il faut nettoyer le bol, le couvercle, les lames, puis l'essuyer et l'avoir toujours sorti. »

Isa, une amie

Lorsqu'on est au service de la technologie, on éprouve, plus que de la peur, une sorte de sentiment désagréable d'impuissance. La gastronomie et la pâtisserie furent inventées bien avant l'électricité. Excepté un batteur électrique (bien pratique, il faut le reconnaître) pour les blancs en neige et un mixeur, ou, mieux, un batteur-mixeur « deux-en-un », aucun appareil électrique ne nous fait vraiment gagner du temps (il faut le sortir, trouver l'attachement nécessaire, puis le laver et le remettre en place) et n'est donc nécessaire. Cependant, pour cuisiner, il faut combiner, battre, mélanger, remuer, hacher, pulvériser et râper. Donc si l'on veut ne pas avoir à compter sur l'industrie alimentaire pour nos sauces ou nos poudres, le blender est indispensable : c'est lui qui rendra crémeuses nos noix, qui réduira en chapelure nos vieux quignons de pain, qui battra nos blancs en neige, qui nous permettra de préparer nos smoothies du matin ou de la glace pilée pour un gin-tonic le soir. Je vous avouerai avoir acheté, il y a quelques années, le robot ménager considéré comme la « Rolls des Rolls » en la matière : un bijou conçu en 1955 par nos amis suisses, composé d'un petit moteur ultrapuissant monté sous forme de mixeur plongeant à lames interchangeables qui battent, hachent et émulsionnent et muni, en pièces détachées, de deux mini-cuves (l'une de la taille d'un pamplemousse et l'autre de celle d'un melon) permettant de mixer, pulvériser, pétrir, émincer, hacher ou couper en julienne. Mais sortir tout cela ne m'a amusée qu'un temps. Et puis, un jour, j'en ai trouvé un autre, tout petit (son bol a la même contenance qu'un mug, et il est surmonté d'un moteur étonnamment puissant pour sa taille) qui remplit pratiquement les mêmes fonctions que le précédent, mais qui, de plus, se recharge sur clé USB (donc sans fil électrique à brancher à chaque utilisation). Il est rangé dans mon tiroir à couverts et je m'en sers tous les jours désormais, pour, par exemple :

- les soupes ;
- les sauces (mayonnaise, sauce Béchamel, tahiné, houmous...) ;
- les émincés (oignons, champignons...) ;
- les hachis de viande (farces de raviolis chinois, de tomates) ;
- les persillades (beurre ail persil) ;
- les émiettés et poudres (vieux pain en panure, cacahuètes, amandes et noix pour mes salades, mon porridge du matin, grains de poivre, mélanges de poudre d'épices...) ;
- un blanc d'œuf (pour une omelette ultra-moelleuse, une mini-mousse au chocolat...).

Le mini-four grille-pain

Peu courant dans les foyers occidentaux qui possèdent généralement un « vrai » four, mais incontournable au Japon (où la cuisson au four n'existe traditionnellement pas), ce petit four est l'un des deux seuls ustensiles électriques (avec le mixeur) qui sont, à mes yeux, sinon indispensables, du moins ultrapratiques. Alors qu'on n'a pas toujours l'espace nécessaire pour un « vrai » four chez soi (chambre d'étudiant, foyer...), un mini-four, à peine plus volumineux qu'un grille-pain, trouvera toujours sa place dans la plus petite des cuisines, ne serait-ce que sur une étagère. Chauffant très vite (contrairement à un four traditionnel) et très bien (sa température peut monter jusqu'à 180 °C), dépensant très peu d'électricité, il remplit pratiquement les mêmes fonctions qu'un four traditionnel : cuisson de pizzas, quiches, gratins, tartes, petits rôtis de viande…

Petits ustensiles de cuisine et gadgets

« Se débarrasser de ce dont on avait toujours pensé avoir besoin. L'essoreuse à salade par exemple. Remettez tout en question chez vous et vous ferez des découvertes surprenantes. »

Béa Johnson, Zéro déchet *(Éditions des Arènes, 2013)*

Les petits ustensiles sont l'une des sources d'encombrement les plus fréquentes dans une cuisine. Presse-ail, taille-crayons pour spaghettis de légumes, dénoyauteur d'olives, cuillères et spatules par dizaines… Avons-nous réellement besoin de tout cela ? Bien sûr, si vous vivez dans une région où poussent les agrumes et si vous en consommez beaucoup, vous aimerez peut-être avoir un presse-citron. Mais une fourchette suffit (elle extrait, selon les experts, bien plus de jus que n'importe quel presse-citron), ou, mieux encore, une paire de tongs (pinces de cuisine), qui extrait le jus vraiment jusqu'à la dernière goutte. *Idem* pour le presse-ail : tapez franc sur la gousse à l'aide du flanc d'un couteau ou du socle d'un bol, et l'enveloppe se détachera de la chair en un quart de seconde. Un cuisinier disait qu'après avoir passé des années dans des cuisines de professionnels à travers le monde, il s'était fixé une règle : ne pas acheter, à moins de l'avoir vu utilisé régulièrement dans au moins deux restaurants, un « gadget ». Vous pouvez faire des copeaux de parmesan (ou d'un autre fromage) avec un économe. En guise d'égouttoir à salade *et* pour la conservation de celle-ci au réfrigérateur, un torchon suffit : on lave la laitue, on la met dans un torchon qu'on tient par les quatre coins pour l'égoutter au-dessus de son évier ou par la fenêtre, puis on le place dans le bac de son réfrigérateur. Attention, donc, à tous ces objets prétendument pratiques. Ils prennent beaucoup de place et rendent l'accès aux ustensiles de base difficile. Ils créent du stress et font perdre du temps.

Les quelques basiques de nos petits ustensiles de cuisine

Une planche à découper et un couteau

« Cuisiner en silence… Écouter le rythme du couteau sur la planche : il doit être silencieux…

Tenir le couteau droit et mettre les aliments à découper en biais... Il ne faut pas non plus considérer l'acte de laver le couteau et l'essuyer comme une corvée. »

Oike Ryunosuke, Le Charmeur de pensées *(Macro Éditions, 2014)*

Une planche à découper d'environ 30 × 40 centimètres est indispensable pour travailler à l'aise sans que les ingrédients ne tombent partout. Si vous avez peu d'espace, cette planche – qu'il vaut mieux choisir en bois non traité (plastifié ou chloré) – sera votre plan de travail. Elle se nettoie facilement avec du gros sel et un demi-citron (au pire, avec du papier de verre). Quant au couteau, un seul, mais un bon (qui coupe parfaitement sans avoir à être aiguisé souvent), suffit. Le préféré de nombreux chefs mesure environ 20 centimètres. Et si vous cuisinez pour une ou deux personnes seulement, vous n'aurez pas de gros aliments à découper, donc vous n'aurez pas besoin d'un grand couteau. Sa pierre à aiguiser, bien sûr, est, elle aussi, un must. Le couteau est le maître dans une cuisine. Sans lui, rien n'est possible. Il convient donc d'apprendre à s'en servir. Mais attention : veillez, pour ne pas vous couper, à toujours mettre le côté plat du légume contre la planche, pour éviter qu'il ne glisse ou qu'il ne roule. Et placez vos doigts en position du crabe (repliés vers l'intérieur). Toutes sortes de fruits et légumes n'ont d'ailleurs pas besoin d'être épluchés s'ils sont bio (leurs meilleurs nutriments se logent dans leur peau). Pour épépiner et déchiqueter un poivron, enfoncez le pédoncule du doigt, attrapez avec trois doigts les membranes blanches de l'intérieur du poivron et dévissez, puis aplatissez le poivron du plat de la main avant de le déchiqueter avec les doigts, en lamelles. Une laitue se déchiquette elle aussi à la main : elle est alors plus appétissante. Couper est un plaisir en soi. Le zen, à ce propos, utilise un terme spécial : *Shakankan*. Shakankan, c'est le bruit régulier émis lorsqu'on coupe un légume sur une planche. Un bruit censé calmer l'esprit et qui incite à faire les choses lentement, sans impatience. Exercice de méditation ? Certainement. Une de mes amies japonaises me dit souvent que couper les aliments à un rythme constant la calme lorsqu'elle est agitée : au fur et à mesure qu'elle coupe, elle commence à apprécier le bruit et l'arôme des aliments. Son humeur devient meilleure. De tels moments lui sont indispensables, dit-elle, lorsqu'elle est dans la tourmente.

Un bol mélangeur, une passoire, une batte et un verre mesureur

« Je me souviens qu'autrefois, ma mère
était la plupart du temps dans la cuisine.
En sortaient des sons "savoureux" produits
par les ustensiles employés : le rythme du couteau
sur la planche, le fouet battant le bol,
le mélange des œufs... »

Une amie japonaise

Indispensable dans une cuisine, la passoire idéale est un deux-en-un : passoire et bol mélangeur, encastrés (et si possible munis d'une poignée pour être accrochés). C'est vraiment un ustensile polyvalent, à condition que les mailles de la passoire soient fines. Elle peut alors faire office de « passe-bouillon » (tapissée d'un tissu de mousseline) pour les jus et veloutés, de tamis pour la farine. Un second bol mélangeur, plus grand, peut être utile pour laver les légumes, malaxer une pâte, mélanger les divers ingrédients d'une grande salade composée…

La batte (aussi appelée chauve-souris) est, quant à elle, indispensable une fois qu'on a pris l'habitude de l'utiliser : on y dépose spatules et cuillères, un œuf écaillé, un morceau de poireau à découper… Une bonne batte en acier, si elle possède un couvercle, convient également au stockage des aliments et à la cuisson au four (ou mini-four grille-pain). C'est un ustensile, lui aussi, multifonctionnel.

Enfin, le verre mesureur : un simple verre suffirait, bien sûr, mais cet ustensile au volume standard de 500 centimètres cubes, avec son anse qui permet de l'accrocher au-dessus de l'évier, est ce vers quoi la main se tend toujours pour battre un œuf, mélanger une sauce, laisser tremper quelques feuilles de basilic ou bien mesurer l'eau de cuisson du riz, de la farine…

Un pot à petits ustensiles près du gaz…

« J'entretiens, avec cette pince, une relation très privilégiée.
C'est grâce à elle que je reviens à mon état de cuisinier lorsque je la prends en main.
Je sais que je suis alors en cuisine.
C'est en quelque sorte ma baguette magique de cuisinier. »

Éric Guérin, cuisinier, et sa pince

À moins d'avoir des exigences de pro, vous n'aurez pas besoin de trente-six mille spatules et cuillères. On peut parfaitement cuisiner avec une spatule pour retourner les aliments dans une poêle, écumer, une cuillère à soupe, une Maryse en silicone (exceptionnellement), deux louches (l'une dite « écumoire », et l'autre, plus petite, creuse et ronde, de 50 centimètres cubes, pour transvaser un curry, une sauce, une soupe), un petit fouet (un grand est inutile et encombrant), une paire de ciseaux, une pince, aussi appelée tong (pour mélanger des œufs brouillés, attraper de gros morceaux de viande, retourner un poisson, sortir de l'eau bouillante des œufs durs ou des pommes de terre, faire pocher une tomate…), et enfin un économe. Le reste, lui, va dans un tiroir.

Dans le tiroir à petits ustensiles…

« Je crois que dans la cuisine, il est souhaitable d'avoir le moins d'équipement possible. Quand vous avez des tonnes de gadgets, vous vous éloignez des aliments alors que si vous utilisez un mortier et un pilon, ou si vous hachez à la main au lieu d'utiliser une machine, vous commencez à vous sentir plus autonome, responsable de ce que vous faites. »

Alice Waters, restauratrice américaine

Deux ou trois râpes (une mandoline, elle, est trop volumineuse) : l'une, longue et étroite, dite « italienne », aux trous de 2,5 millimètres pour les carottes râpées et le parmesan, les œufs durs « mimosa », les oignons, le pain rassis (pour la chapelure), et une autre, très fine, pour les zestes de citron, l'ail ou le gingembre. C'est dans ce même tiroir que vous rangerez votre tire-bouchon, un ouvre-boîte, mais aussi, si vous n'avez pas d'homme à la maison, une pince crocodile pour déboucher le champagne.

Les outils de ménage

« Que les bonnes vieilles petites serviettes de coton sont sous-estimées dans une cuisine… J'en ai acheté un sac de douze, l'an dernier, et je me rends compte à quel point elles sont utiles. Se sécher les mains ? Pshh, c'est là que le plaisir commence. Un légume à sécher ? Une autre. Relaver un couteau ?

L'essuyer avec une autre encore.
Plus de dessous-de-plat ? Essuyer des miettes ?
Laver un plat ou le dessus de la gazinière ?
Votre tea towel *est toujours là. Un peu de liquide*
à vaisselle pour nettoyer une assiette ? Et une fois de plus,
elles font l'affaire. Le soir, je les mets à la machine.
Le lendemain, elles sont à nouveau de service. »

Un charmant monsieur américain

Les ustensiles de ménage prennent, sans qu'on s'en rende compte, beaucoup de place dans une cuisine : torchons, chiffons, papier absorbant, produits (à nettoyer la vaisselle, les casseroles, la hotte, le four, les murs, le plan de travail), sacs pour les déchets, gants en caoutchouc, éponges, grattoirs… Là aussi, il convient de faire un tri.

Les torchons

« Après la vaisselle, laver la gazinière
avec un chiffon chaud deux fois. On réinitialise ainsi
sa cuisine. Laisser toujours sa cuisine impeccable,
comme on l'a trouvée. Cela donne envie
d'y cuisiner de nouveau. »

Une vieille maîtresse de maison japonaise

Le torchon est probablement le plus humble de nos serviteurs et pourtant… certains l'adorent (ma sœur, qui en a une collection, en emporte même toujours un ou deux en voyage). À l'opposé, d'autres les détestent et préfèrent tout essuyer, dans leur cuisine, avec du Sopalin, y compris la vaisselle ou leurs mains. Même si ce n'est pas très écolo, j'avoue en utiliser, moi aussi, de temps en temps, pour nettoyer quelque chose de très gras avant de le laver (et éviter aussi de salir ma tuyauterie), pour sécher ma poêle en fer (et ainsi éviter de salir mes torchons), nettoyer mon plan de travail ou le sol devant celui-ci. Dans une cuisine deux torchons suffisent, ainsi que deux chiffons : l'un, mouillé à l'eau chaude, pour nettoyer les surfaces et l'évier, et le deuxième, sec, pour essuyer ensuite. Nettoyer ainsi régulièrement évite d'avoir à faire de gros nettoyages périodiques. Je range mes torchons et mon Sopalin dans un joli panier en bambou tressé sur le haut d'une étagère : ni vu, ni connu, mais accessibles à tout moment. Enfin, en ce qui concerne le séchage de la vaisselle, si certains préfèrent essuyer celle-ci après le repas, d'autres la laissent sécher naturellement. Les plus minimalistes, eux, n'ont pas d'égouttoir : ils posent simplement la grosse vaisselle lavée sur un torchon à double épaisseur, et la petite, dans une corbeille ronde.

Deux produits de nettoyage suffisent

« Le déclic pour commencer mon régime fut le retour, après avoir passé plusieurs mois dans une maison en travaux, dans une cuisine propre et nette : j'avais à nouveau envie de cuisiner, de prendre soin de mon corps. »

Une amie célibataire

Vivre simplement, ce n'est pas, même pour la propreté de sa cuisine, avoir trente produits et une liste sans fin de recettes miracles de grand-mère. Deux produits suffisent : le percarbonate (plus blanchissant que les « blanchissants oxygénés », plus puissant et dégraissant que le bicarbonate de soude dégraissant, purifiant et détachant, très efficace pour les casseroles brûlées ou les torchons tachés), et un spray d'alcool à 77 %. Ce dernier élimine non seulement à 100 % toute trace de graisse ou de crasse sur les surfaces, mais aussi les odeurs dans la cuisine et dans le vide-ordures. Ces produits, utilisés avec une éponge en mélamine, sont encore plus performants.

Et puis, s'il vous prend l'envie de faire un peu de pâtisserie…

Confectionnez-vous une boîte étiquetée « Pâtisserie et four » que vous placerez dans le haut de votre placard. Vous y rangerez une grille à pâtisserie (pour démouler et laisser refroidir les gâteaux, tartes et pains), un moule à cake, votre levure, un pinceau à badigeonner et un rouleau à pâtisserie. Si vous avez une bonne batte en inox (de 3 à 5 couches) avec couvercle, vous n'aurez pas besoin de plats à tarte, à viande ou à gratin.

Ont aussi leur place dans la cuisine...

Une petite boîte à pharmacie avec du Tricosteril ou du doliprane : c'est souvent à la cuisine que nous nous coupons ou que nous prenons un verre d'eau pour avaler un comprimé. Une autre boîte, elle, peut être réservée aux rubans à étiqueter et feutres, ficelle, cure-dents, mémo pour les listes de courses, gros rouleau de papier adhésif… De tels détails prêtent peut-être à sourire, mais ce n'est pas une tare que d'aimer être organisé. Christine Gallary, éditrice en cuisine, disait que, pour son mariage, sa mère (une folle de l'organisation) lui avait offert quelque chose qu'elle chérissait comme un trésor : un marqueur pour les étiquettes. Quoi que ce fût un cadeau étrange pour un mariage, dit-elle, elle l'en remercie maintenant chaque jour : ses bocaux, fioles et contenants clairement étiquetés lui facilitent le travail en cuisine et ils sont agréables à regarder.

DES USTENSILES DE QUALITÉ DONNANT ENVIE DE CUISINER BON ET SAIN

Sommes-nous conscients de la toxicité de la plupart des ustensiles de cuisine ?

À quoi bon vouloir désormais cuisiner maison et acheter des légumes bio pour veiller à sa santé et à son bien-être si nous utilisons un cuit-vapeur en plastique, une poêle en téflon ou un four à micro-ondes ? Machines à faire le pain, bouilloires et cafetières électriques, plaques à raclette, cuit-vapeur, autocuiseurs à riz... : tous ces ustensiles censés être pratiques et faciles d'entretien sont en fait néfastes pour notre santé (sans parler de la place qu'ils occupent dans nos placards et de leur obsolescence programmée). En plus des pesticides et additifs contenus dans nos aliments, nous consommons, sans nous en rendre compte, toutes sortes d'éléments perturbateurs et cancérigènes en utilisant ces ustensiles. Poêles, casseroles, Tupperware, Ziploc, couverts, planches à découper, passoires, bols mélangeurs, gadgets, films étirables, papier d'aluminium, Sopalin, autocuiseurs à riz, cuit-vapeur, produits ménagers… la plupart contiennent du téflon, de l'aluminium, du plastique et autres matières nocives.

Le téflon

« Je ne sais pas cuisiner sans Tefal ! »

Une internaute

La plupart d'entre nous savent qu'il est toxique. Mais ce que l'on sait moins, c'est que ce ne sont pas seulement les rayures des spatules qui rendent cette matière dangereuse en l'endommageant : la chaleur de la cuisson, à partir de 230 °C (température facilement atteinte après 5 minutes), fait fondre le téflon qui, alors, s'écaille et se désagrège comme du plastique, en émettant des gaz fluorés toxiques. Les particules fondues, elles, partent dans nos aliments. Si vous voulez en savoir un peu plus, je vous invite à regarder ce film documentaire impressionnant intitulé *The Devil We Know*, de Stephanie Soechtig.

L'aluminium

« De l'intérieur de l'étagère à thé, elle sortit une soucoupe pleine de takuan, un bol de chazuke, et une petite casserole en aluminium, souleva un instant le couvercle pour humer l'odeur et la posa sur le hibachi ; je regardai pour voir ce que c'était : des patates douces cuites. »

Kafū Nagai, Une histoire singulière à l'est du fleuve *(Gallimard, 1992)*

Sa rapidité à chauffer et sa légèreté en ont longtemps fait le favori des ménagères. Mais maintes études prouvent à présent qu'il est nocif et qu'il ne devrait jamais entrer en contact avec la nourriture. Son usage abusif (surtout quand il est chauffé) serait, entre autres, l'une des causes de la maladie d'Alzheimer. Rien de pire pour la santé, donc, que la nourriture cuite dans cette matière, y compris, bien sûr, l'aluminium en rouleau qui, chauffé, est encore plus dangereux qu'utilisé à froid. Nous consommons déjà bien assez d'aluminium sans le savoir (intérieur des canettes de soda ou de bière, eau du robinet…) sans avoir à en consommer encore plus en cuisinant. Quant à la fonte d'aluminium, elle n'a rien à voir avec la vraie fonte. Il s'agit d'un aluminium moulé et réalisé avec des techniques de fonderie similaires à celle de la fonte.

Céramique, émail, revêtement « diamant » et poêles en pierre

« J'ai viré ma poêle téflon pour une en céramique : la catastrophe ! Antiadhésive ? Mon œil ! »

Une cliente

Fonte émaillée, céramique, poêles en pierre… quels que soient les termes employés et le prix déboursé (certaines, de grandes marques, coûtent très cher), elles contiennent, pour la plupart, des produits toxiques. De la fabrication et de la composition de l'émail et de la céramique, nous connaissons peu de choses, si ce n'est que tout ce qui recouvre une base nécessite forcément un procédé de fabrication non naturel. De plus, on sait que l'émail contient souvent des matériaux dangereux comme le plomb, le cadmium, ainsi que des pigments colorés (ah, votre adorable cocotte orange… !). Les poêles en céramique, longtemps présentées comme le must en matière de cuisson saine et écologique, sont en réalité fragiles et peu durables. Très vite, leur revêtement se fissure, mettant les aliments en contact avec l'aluminium qui en constitue la base. Tous les revêtements dits « écologiques » sont en fait issus de nanotechnologies. Ledit « diamant » est, en réalité, une sorte de granite au téflon. La poêle en pierre, elle, si réputée pour ses qualités antiadhésives, n'est pas plus naturelle. Elle a forcément été fabriquée avec du PTFE (nom moléculaire du téflon). Et l'on sait que plus les particules sont petites, plus elles passent dans les tissus de l'organisme.

Le four à micro-ondes

« Les consommateurs acceptent l'obsolescence de plus en plus dans chaque aspect de leurs vies. Avant les casseroles en acier, il y avait celles en fer, puis ce fut le tour des maisons et des voitures, dans les années 1920. Ensuite ce fut l'avenue de l'obsolescence programmée : changer une chose pour une autre non seulement pour sa technologie mais pour son style. »

Henry Petroski, The Pencil : A History of Design and Circumstance *(Knopf, 1990)*

Le four à micro-ondes est devenu un incontournable dans la plupart des cuisines actuelles. Simple d'utilisation, rapide et surtout très pratique, il permet de réchauffer ses aliments, de les décongeler et parfois même de les cuire. Les jeunes générations ne sauraient même plus comment s'en passer. Son utilisation reste pourtant controversée : pour que le micro-ondes induise une agitation moléculaire de l'eau contenue dans les aliments afin d'augmenter leur température, il doit produire des ondes électromagnétiques à une fréquence très élevée de l'ordre de 2 450 MHz environ (correspondant à la fréquence d'un radar militaire). Les molécules d'eau contenues dans les aliments vont changer d'orientation

2,45 milliards de fois en une seconde. Or, lorsque nous buvons ou mangeons immédiatement ce qui sort du micro-ondes, ces molécules sont encore actives au moins dix minutes dans notre estomac. Nous ingérons donc des ondes électromagnétiques en plus d'aliments dont toutes les vitamines et tous les nutriments ont été détruits. Et puis, soyons honnêtes, la nourriture cuite ou réchauffée au micro-ondes a-t-elle vraiment bon goût ?

Nous avalons jusqu'à 250 grammes de plastique par an !

« Le plastique ne pollue pas juste nos rivières et nos océans […]. Il est en chacun d'entre nous. »

Étude canadienne

Le plastique n'est pas seulement un danger pour la planète : il envahit nos organismes. Le plastique qu'ingère un adulte, selon une étude canadienne, va jusqu'à 52 000 microparticules par an, auxquelles s'ajoutent 90 000 supplémentaires, s'il boit uniquement de l'eau en bouteille (4 000 s'il se contente de l'eau du robinet). Il ingère donc jusqu'à 5 grammes de plastique chaque semaine, soit l'équivalent du poids d'une carte de crédit. Ces estimations varient individuellement, bien évidemment, selon le mode et le lieu de vie de chacun (ainsi que la composition du plastique utilisé), mais c'est une preuve que le plastique ne tue pas seulement la vie marine. Les intérêts économiques de ses fabricants et utilisateurs sont cependant tellement colossaux que la nocivité de ce matériau est très mal évaluée. Si le sujet est à la mode en ce qui concerne son recyclage ou le traitement de ses déchets, l'impact qu'il a sur notre santé est un sujet encore tabou : personne n'a intérêt à financer de telles études médicales coûteuses. Bien sûr, nous ne pouvons bannir complètement le plastique, mais nous pouvons en limiter l'usage.

Attention aux petits ustensiles de cuisine

« Quand je me mets en cuisine, je commence par sortir quatre choses : ma planche à découper (que je considère comme mon plan de travail), mon couteau, une batte (pour déposer les spatules, un légume coupé, des coquilles d'œuf...) et un bol pour les déchets. Mon pot à ustensiles, lui, est toujours là. Ensuite, je sors tout ce dont j'ai besoin. J'ai déjà tout mis la table. »

Une amie

Ce n'est pas parce que c'est petit que ce n'est pas nocif. Spatules et cuillères sont parfois amenées à chauffer lorsqu'elles sont plongées dans une préparation brûlante. La plupart des planches à découper, quant à elles, sont soit en plastique (dont les particules pénètrent dans les aliments), soit dans du bois traité, verni. Difficile, une fois de plus, d'éviter la migration de microparticules dans la nourriture, puis dans nos estomacs.

Attention, en général, à toutes les substances chimiques industrielles

Le silicone, matériau naturel à l'origine, comporte des avantages non négligeables : cuisson sans matière grasse, légèreté, usage au micro-ondes… Mais il a quand même été fabriqué industriellement, ce qui suppose un processus de transformation de la matière première. Sa matière pure, la silice, doit pour cela être mélangée à d'autres. D'après certaines études, 80 % au moins des moules en silicone présentent une teneur en matières organiques volatiles supérieure à la réglementation. De plus, ce matériau ne se recycle pas. Ni les bonnes odeurs de cuisine au four, ni le croustillant des aliments ne s'y retrouvent. Attention également au Sopalin : il est blanc, donc chloré.

Par quoi remplacer ces matériaux nocifs ?

Pour la cuisson, l'inox, la fonte, le fer et le verre

« C'est étonnant, que ce soit dans une chambre de bonne, dans le salon d'un particulier, ou une pièce en tatami, peu importe ; je parviens toujours à ressentir un profond

contact avec la nature... Il y a les objets que j'utilise ;
ils ne sont pas étrangers à ce que vous vivez
dans le contexte d'une cérémonie. Ils sont simples,
au plus proche du naturel : du bois brut, du métal,
de la terre cuite, du bambou, de la soie, de la laque.
Pas d'objets en matériaux de synthèse,
pas d'objets de grande série. »

Franck Armand, La Cérémonie du thé *(Jean-Cyrille Godefroy, 2010)*

Les alternatives aux matériaux nocifs sont peu nombreuses : l'inox, la fonte brute (non émaillée), le fer, le verre borosilicate (le Pyrex) et le bois (ou le bambou). La fonte est un excellent conducteur de chaleur et sa robustesse la rend utilisable sur plusieurs générations. C'est à force d'être utilisée qu'elle se patine et devient anti-adhésive. Mais elle est très lourde et nécessite de l'entretien pour ne pas rouiller. Le fer, quant à lui, est plus léger et se culotte à merveille. Mais il rouille et il faut l'entretenir après chaque utilisation (séchage, huilage). La troisième et meilleure alternative est donc, de loin, l'inox 18/10. C'est un des matériaux les plus résistants qui, de plus, respecte le goût des aliments. Lors de l'achat, vérifiez bien qu'il s'agit d'inox 18/10 certifié (18, attestant de l'alliage du fer au chrome ainsi que d'une grande résistance à l'usure, et 10, de la proportion de nickel qui permet de mieux résister aux chocs). Enfin, le Pyrex : il est lourd. Une poêle en Pyrex, il faut en convenir, n'est pas très pratique. Elle attache. Mais les ramequins en Pyrex sont parfaits pour la congélation et le bain-marie.

Bocaux de récup et emballages à la cire d'abeille

Conservez vos aliments dans des bocaux en verre récupérés. N'achetez plus d'eau mais filtrez celle du robinet, qui est parfaitement potable, avec du charbon de bois. Si son goût vous rebute, essayez les carafes filtrantes, les eaux infusées ou, tout simplement, copiez l'astuce des restaurateurs : remplir une bouteille en verre et la placer une nuit, ouverte, dans la porte du réfrigérateur. Le lendemain, elle sera fraîche et son goût sera neutre. Dans la cuisine, troquez le film alimentaire contre un emballage à la cire d'abeille, facile à faire et réutilisable à l'infini. Avec des carrés de différentes tailles, vous n'aurez plus besoin de sortir le rouleau de film étirable, de vous énerver à décoller celui-ci s'il est un peu trop vieux, d'en couper trop ou pas assez, de ranger le rouleau. Les petits carrés à la cire d'abeille sont tellement plus pratiques et agréables d'emploi… Quant à vos légumes, les sachets kraft sont eux aussi très agréables au toucher. Pour les légumes cuits, rien de mieux que des bocaux en verre : vous pouvez alors réchauffer ceux-ci directement au bain-marie et éviter ainsi de salir une casserole. Achetez au détail, et non en grande surface (une loi qui devrait s'appliquer d'ici 2030 est en cours, en Europe, pour imposer au moins 20 % de la vente de tous les produits, dans les grandes surfaces, sous forme de vrac). Pour utiliser moins de plastique, évitez également de trop congeler (les aliments congelés perdent, de toute façon, de leur valeur nutritive ; nous devrions uniquement manger du « vivant » – des choses qui « pourrissent », comme dit élégamment une de mes amies).

Moins de plastique mais plus de bois et d'inox pour les petits ustensiles

Troquez vos passoires, chinois, éplucheurs, fouets, spatules en plastique ou en silicone contre de l'inox et du bois. Cela sera, de plus, beaucoup plus esthétique, accroché au mur ou dans un pot à ustensiles, que ces horribles couleurs artificielles et chimiques, et c'est ce qui conférera un charme *wabi-sabi* à votre cuisine, vous donnant encore plus envie d'y cuisiner.

Le papier sulfurisé brun en guise de papier d'aluminium ou de film étirable

Filtres à café, enrobage des médicaments, tout cela est de la dioxine de titane. Utilisez aussi souvent que possible le papier sulfurisé brun : à lui seul, il remplace le film étirable et l'aluminium en rouleau ; il est particulièrement pratique pour les sandwichs ou la conservation du fromage qui doit respirer, même si son apparence est sèche. Il en absorbera parfaitement l'humidité en excès sans se désagréger. Pour le reste, un bon torchon absorbant en coton est de loin le plus agréable.

Vivre sans four à micro-ondes n'est pas impossible

Il est parfaitement possible de se passer de micro-ondes. Pour décongeler un aliment, il suffit de penser à le sortir quelques heures avant de le consommer. Pour le réchauffer, plusieurs solutions existent depuis la nuit des temps :

- le riz : mettre deux cuillères à soupe d'eau dans une casserole, ajouter le riz, casser les grumeaux à la fourchette et couvrir à feu doux 5 minutes ;
- les pâtes nature : un bref séjour dans l'eau bouillante ;
- les plats en sauce ou mijotés : ils se réchauffent parfaitement à feu doux (ou sur une plaque), de façon uniforme sans pour autant continuer de cuire. Au besoin, rajouter un filet d'eau pour

éviter que la sauce n'accroche au fond de la casserole ;

- les gratins : les repasser au four (ou mini-four grille-pain), à feu doux (à 70 °C, le plat chauffe doucement sans pour autant continuer de cuire. Bien sûr, cela sera plus long que l'utilisation du micro-ondes, mais c'est surtout plus sain !). On peut aussi faire chauffer le plat à gratin à même une plaque à induction, avec une puissance ou un feu très doux ;
- une tarte (sans trop en ramollir la pâte) : la mettre dans une poêle, couvrir, et la faire réchauffer 10 minutes à feu doux : croustillant garanti. Cette méthode fonctionne également avec les pizzas et les feuilletés ;
- le beurre, le chocolat, l'huile de coco : pour les faire fondre ou ramollir, employer la méthode du bain-marie (faire chauffer un fond d'eau et y déposer un récipient en verre contenant ces aliments). C'est plus sûr qu'une casserole, car, si la vigilance n'est pas de mise, ils accrochent ou roussissent vite.

Ma vieille voisine, à Kyoto, faisait réchauffer ses repas du soir (les restes du déjeuner) dans une sauteuse, au bain-marie : elle mettait un peu d'eau dans la sauteuse, puis plaçait dedans son bol de riz, son bol de soupe et un ou deux ramequins (tous de la même hauteur), remplis de petits restes.

Mais que faire à la cantine ou au bureau, se demande-t-on peut-être ? Eh bien, c'est simple : ne réchauffez pas. Le principe du bento japonais, justement, c'est de consommer des mets froids mais savoureux et d'emporter, l'hiver, une Thermos de boisson ou soupe chaude.

Cependant, lorsque nous ne pouvons éviter le plastique...

Inutile de condamner à 100 % le plastique, il est très pratique (les petits contenants pour le congélateur, par exemple), il faut l'admettre, et parfois même irremplaçable. L'éliminer complètement est possible mais vraiment contraignant. Lorsque nous ne pouvons faire autrement, ne nous empoisonnons pas la vie. Des haricots secs cuits par exemple (très longs à préparer et nécessitant donc d'être congelés en partie) sont très difficiles à conserver dans des bocaux en verre : ils se collent les uns aux autres, ce qui complique la tâche d'en retirer une petite quantité à la fois (pour l'incorporer à une soupe ou à une salade par exemple). On ne peut donc guère faire sans Ziplock. *Idem* pour les baies (à moins de les congeler sur un plateau puis de les transférer dans un bocal). Et puis, comment nous débarrasserions-nous de nos ordures sans sacs en plastique, si nous ne possédions pas de compost ou d'incinérateur ? Décider cependant d'éliminer le plastique autant que possible de son environnement mène à d'énormes changements dans sa façon de consommer : moins de stocks, moins de congelés. Vous n'aurez plus, dans votre congélateur, qu'un bouquet de persil, quelques saucisses et tranches de pain pour dépanner un dimanche soir. Vous déciderez peut-être même, comme je l'ai fait, de réduire la taille de votre réfrigérateur et de vous contenter d'un petit compartiment tiroir réservé à la congélation. Vous n'aurez plus à sacrifier, dans votre placard, un espace réservé aux contenants en plastique. Enfin, quand vous aurez décidé, une bonne fois pour toutes, de consommer moins de plastique, vous vous surprendrez à avoir acquis certains réflexes : vous ne penserez plus à acheter des yaourts, des pâtes à tarte ou des taboulés en pot ; vous ferez les vôtres. Vous éviterez de manière instinctive, sans même y penser, tout ce qui, lorsque vous faites vos courses, a été préemballé, donc industrialisé. Enfin, une fois que vous aurez goûté au fait maison, il vous sera devenu impossible de vous nourrir autrement.

Le top du top en cuisine…

Des ustensiles permettant une cuisson à basse température et requérant très peu d'eau

« C'est l'espace de vie quotidienne ainsi que les choses qui nous entourent qui sont nos maîtres et nos amis. La beauté n'est pas seulement un concept. Elle se dote d'une signification lorsqu'elle se concrétise dans la vie quotidienne. Utiliser un outil ? Ce mot "utiliser" est une invitation à la création ; et c'est la beauté de l'harmonie dans la vie quotidienne qui nous l'apprend. »

Losanjin, cuisinier japonais de génie du début du siècle dernier

Peu de personnes les connaissent, mais les ustensiles permettant une cuisson avec très peu d'eau et à basse température sont les meilleurs en matière de santé et de goût. Le secret ? Leur matière, l'inox 10/18, et leur qualité, l'épaisseur de leur fond, et un couvercle parfaitement hermétique. Que ce soit une sauteuse, une casserole ou un faitout, on peut pratiquement tout y cuisiner : un steak, des crêpes, mais aussi une pizza ou un bœuf bourguignon, mijoté pendant des heures dans une lourde cocotte en fonte.

La cuisson basse température, c'est quoi au juste ?

« On allume un feu
Sous la marmite de nouilles
Froid nocturne »

Matsuo Bashō

C'est simplement un principe de cuisson traditionnelle, comme celui de nos grands-mères qui faisaient, dans leur cocotte en fonte, mijoter à petit feu, sur une gazinière à bois, les aliments, laissant doucement cuire ceux-ci dans leur propre jus ou eau de végétation. Sauf que ces cocottes de cuisson dites « sans eau », elles, ne sont plus en fonte mais en acier inoxydable 18/10. Cette matière, grâce à un fond extrêmement épais (5 à 7 couches pour le haut de gamme, voire 9 pour le très haut de gamme), ne nécessite qu'une très faible source de chaleur. L'inox accumule la chaleur à l'intérieur du fond et des parois et la répartit uniformément, permettant ainsi aux aliments de cuire doucement, sans l'adjonction de liquides (ou très peu). La température de cuisson, constamment au ralenti, ne dépasse pas 90 °C, permettant à l'aliment alors échauffé de « transpirer » sans brûler. Il suffit de mettre dans la sauteuse les légumes encore mouillés de leur eau de lavage et de baisser le feu au minimum quand la vapeur commence à s'échapper, puis d'attendre quelques minutes avant d'éteindre le feu. C'est ce couvercle, très hermétique, qui, sous l'effet de la vapeur, va se sceller au rebord du faitout ou de la sauteuse, et permettre d'y cuire les aliments comme dans un four ou une Cocotte-Minute. La vapeur ainsi formée s'élève dans le récipient, rencontre le couvercle, plus frais, et se condense en gouttelettes, qui roulent et tombent. Au contact du fond chaud, elles s'évaporent à nouveau ; et le cycle recommence. Ainsi, dans des conditions normales d'utilisation, sur feu très doux, la température à l'intérieur du récipient reste inférieure à 100 °C. Quant aux viandes et poissons, en ne laissant que légèrement entrouvert le couvercle, ils peuvent être cuisinés sans éclaboussure de graisse, ni odeur empestant ensuite la cuisine et salissant les murs, la hotte… J'ai également longtemps utilisé l'une de ces sauteuses pour faire griller mes toasts le matin : il suffit de bien préchauffer la sauteuse, d'y déposer la tranche de pain, et de couvrir quelques minutes : elle en sort moelleuse à l'intérieur et croustillante, dorée à l'extérieur. Même procédé pour la cuisson des pommes de terre au four, les *roast potatoes* des Anglais : elles cuisent dans ces ustensiles, sans eau, comme sur une plaque de four.

Les avantages de cette cuisson

« Baisse le feu. Il faut laisser cuire lentement. C'est bien meilleur. »

Un conseil que ma mère m'a répété mille fois

Inutile de préciser que ce type de cuisson est le plus sain qui puisse être. Alors qu'une cuisson prolongée ou à température élevée détruit les nutriments, augmente l'index glycémique des aliments et forme des substances cancérigènes (la fameuse réaction de Maillard), une cuisson à basse température (inférieure à 100 °C) permet aux légumes de préserver tout leur équilibre en sels minéraux, oligoéléments et vitamines, contrairement à la cuisson dans un four à micro-ondes qui détruit les nutriments à 90 % en 10 secondes, à celle dans de l'eau (dans laquelle se perdent les précieux nutriments) ou à celle d'un cuit-vapeur (les nutriments tombent dans le fond de celui-ci). De plus, les légumes dont les fibres n'éclatent pas gardent leur forme et leur couleur. Leur goût demeure intact. Tout assaisonnement devient alors quasiment inutile (il est d'ailleurs, en règle générale, recommandé de ne jamais saler les légumes pendant la cuisson, ce qui augmente la température d'ébullition et accélère le phénomène de destruction des vitamines, les réactions entre sels minéraux du végétal et sel de cuisine – chlorure de sodium – les rendant moins « assimilables » et modifiant leur goût).

Une cuisson des légumes qui préserve leur forme et leur goût

« Alors j'ai économisé petit à petit sur mon argent
pour m'acheter des couteaux, des casseroles
ou des passoires. C'est incroyable, tu ne trouves pas ?
Une fille de quinze ou seize ans qui fait des économies
de bouts de chandelle pour se payer des écumoires,
des pierres à aiguiser ou des bassines à tempura ! »

Murakami Haruki, La Ballade de l'impossible *(Seuil, 1994)*

Si ces ustensiles sont peu connus, c'est qu'ils sont chers (une casserole ou une sauteuse peut coûter jusqu'à plusieurs centaines d'euros). Mais avec le temps, cet investissement se rentabilise : on n'a plus besoin ni envie d'acheter d'autres ustensiles ; ceux-ci sont inusables (garantis à vie !) et se transmettent de génération en génération (les premiers sont apparus sur le marché américain dans les années 1950 et leurs propriétaires disent toujours s'en servir, continuant à se féliciter d'un tel achat). Le temps de cuisson, lui, fait économiser de l'énergie (la deuxième phase de la cuisson se fait sans gaz ni électricité). Le besoin en condiments, enfin, se fait moindre, et les effets bénéfiques sur la santé se font ressentir. Leurs utilisateurs disent avoir perdu du poids, et guéri (en partie ou complètement) de leurs problèmes de diabète ou de tension. Enfin, ils représentent le rêve pour ceux qui veulent peu posséder ou qui ont très peu d'espace chez eux : deux ou trois de ces ustensiles (une sauteuse, une casserole et un faitout) permettent de se passer d'un autocuiseur à riz, d'une Cocotte-Minute, d'un toaster, d'une friteuse, d'une cocotte en fonte, d'un cuit-vapeur, d'un four à micro-ondes et de bien plus encore. Ils sont faciles d'entretien et même s'il vous arrive de brûler quelque chose, un peu de percarbonate et de l'eau, que vous ferez bouillir dans votre casserole, lui redonneront l'éclat du neuf.

LA TAILLE ET LE VOLUME DES USTENSILES

Possédons-nous vraiment ce qui nous est utile et est adapté à nos besoins ?

« En élaguant tout ce qu'il convient d'élaguer,
il convient d'apporter tout ce qu'il convient. »

Ryôkan, Poèmes de l'ermitage *(Le Bruit du Temps, 2017)*

Nous sommes souvent bien incapables d'objectivité quant à nos véritables besoins. Qui n'a jamais fait l'erreur d'acheter une casserole trop grande ou trop petite, une marmite trop lourde, une poêle promettant de ne pas attacher alors qu'au bout d'un an son revêtement s'abîmait ? Nous achetons souvent nos ustensiles de cuisine soit à l'aveuglette, soit sans avoir vraiment réfléchi à l'usage que nous en ferons, soit pour leur esthétique et leur design, soit parce que leur prix est attrayant. Mais prenons-nous en compte la taille de ce dont nous avons besoin ? Le type approprié pour chaque mode de cuisson ? C'est en se penchant réellement sur chacune de ces questions que nous parviendrons à élaguer nos possessions, et à nous nourrir de façon équilibrée et saine, tout en prenant du plaisir à cuisiner.

Pour aimer cuisiner, il faut aimer ses ustensiles

« Mon mari et moi, nous louons tous les ans un cottage supposé posséder tout ce qu'il faut pour cuisiner ; mais il n'y a que des pots au fond fin comme une pièce de monnaie ; j'emporte donc toujours mon essoreuse à salade, deux moulins séparés pour le sel et le poivre (posés sur la table, donc nous en utilisons moins), un petit couteau à éplucher et un grand couteau, un gros faitout Le Creuset au fond épais pour que les soupes ne brûlent pas, et une poêle aux bords hauts pour que les aliments ne débordent pas. »

Trish Deseine, Chic et Simple *(Marabout, 2004)*

Pour aimer ses ustensiles, il faut les avoir bien choisis. Non seulement pour leur qualité, leur ergonomie et pour le plaisir à les utiliser, mais pour leur taille et leur volume en fonction de ses propres besoins. Une casserole trop grande incite à cuisiner en trop grandes quantités, surtout lorsqu'on vit seul. Chacun a ses plats préférés, sa diète, son style de vie. Si vous mangez des salades tous les jours, faire l'effort de trouver le récipient en verre qui les rendra encore plus appétissantes ne relève pas du caprice. Plus vous aurez fait état de ce dont vous avez vraiment besoin chaque jour comme ustensiles de préparation et cuisson et vaisselle, plus vous aurez envie de cuisiner, et plus vous en ferez une habitude, un besoin, un mode de vie. Pour définir avec objectivité le type, la taille et le volume des ustensiles et vaisselle dont vous avez besoin et pour vous débarrasser du reste ou vous équiper (si vous n'avez encore rien pour cuisiner), il vous faudra donc vous poser ces questions :

- Qu'est-ce que je mange régulièrement ?
- Qu'est-ce que j'aime vraiment ?
- Qu'est-ce que j'aimerais cuisiner régulièrement (mais que je ne cuisine pas car je n'ai pas les ustensiles pour cela) ?

« Un peu » bien choisi devrait pouvoir répondre à vos besoins, vos moyens et vos goûts.

Quelle taille choisir pour ses ustensiles de cuisine ?

« Ceux qui, comme moi, sont inspirés par la grandeur des petites choses, la traquent jusqu'au cœur de l'inessentiel, là où, parée de vêtements quotidiens, elle jaillit d'une ordonnance des choses ordinaires et de la certitude que c'est comme cela doit être, de la conviction que c'est bien ainsi. »

Muriel Barbery, L'Élégance du hérisson *(Gallimard, 2006)*

On ne devrait pas choisir les mêmes tailles d'ustensiles selon qu'on vit seul ou en famille, que l'on est un homme ou une femme, ou que l'on a 30 ou 90 ans. Certaines célibataires japonaises ne jurent que par les petits faitouts et casseroles de 12 centimètres de diamètre, sauf pour leur poêle, qui, elle, fait 16 centimètres. Elles trouvent ces tailles très agréables à tenir en main, à laver, et même… à regarder ! Lorsque j'ai moi-même décidé de ne plus préparer le riz dans un autocuiseur, j'ai mis du temps à trouver « mon » faitout à riz, celui de la bonne taille (pour deux ou trois portions de riz maximum), de la bonne profondeur (pour que l'eau de cuisson ne déborde pas) et facile à laver (je fais du riz presque tous les jours). J'ai essayé les petits faitouts en fonte, en terre, divers pots et marmites, tous destinés à la cuisson du riz et chacun réputé pour obtenir le meilleur. J'ai essayé, essayé, essayé. Mais je n'étais jamais satisfaite : la fonte et le *nabe* en terre cuite étaient trop lourds, le riz y attachait ; les laver était laborieux, pénible. Les ustensiles « spécial cuisson riz », quant à eux, n'étaient pas mieux. On ne pouvait rien y faire cuire d'autre que le riz et ils étaient toujours trop volumineux pour les quantités dont je me satisfaisais. Ils n'étaient pas esthétiques non plus. Enfin, un jour, par hasard, j'ai trouvé le bon : un petit faitout de 12 centimètres de diamètre de marque allemande, en inox à fond épais et assez haut, d'excellente qualité. Il est facile à laver, ne prend pas de place sur l'égouttoir, et je peux y faire cuire différentes céréales, des soupes et même des pâtes (sa petite contenance m'empêche d'enfreindre les règles de la diététique). Il prend également très peu de place dans mon petit réfrigérateur si j'ai des restes. Je n'échangerais désormais ce petit faitout chéri pour rien d'autre au monde. Il est parfait pour moi. C'est « mon » faitout. En revanche, je peux comprendre que d'autres, même vivant seuls, préfèrent de plus gros ustensiles afin de cuisiner en plus grandes quantités pour congeler ou pour préparer de quoi manger pendant deux ou trois jours. Une grande sauteuse (24 ou 26 cm) permet à un célibataire de préparer un repas complet sans avoir à salir autre chose, de faire mijoter un curry ou un ragoût pour deux ou trois amis le week-end. Les hommes, eux, je ne sais pas pourquoi, préfèrent ce qui est grand, lourd et volumineux. À chacun, donc, ses préférences et ses tailles. Mais si l'on me demandait mon avis sur les tailles les plus basiques, je répondrais que, pour une personne vivant seule ou pour un couple, une sauteuse de 18 centimètres de diamètre et une casserole de 2,5 à 3,0 litres sont les tailles et les volumes les plus fonctionnels. Enfin, si vous vous lancez dans la cuisson à basse température dans des ustensiles en inox, sachez que si vous ne remplissez pas votre casserole aux deux tiers, les légumes ne dispenseront pas assez d'eau pour former la vapeur nécessaire à leur cuisson. Une casserole de 14 centimètres de diamètre, pour cela, est amplement suffisante. *Idem* pour un petit rôti de viande de 300 ou 400 ou même 500 grammes.

Posséder une batterie de cuisine ressemblant à une dînette ?

Faire cuire son riz ou une petite portion de pâtes dans un mini-faitout de 12 (pour une femme seule) ou 14 centimètres (pour un homme) peut sembler incongru. Mais ce n'est pas plus incongru que posséder peu, ce qui choquait la plupart des personnes avant que la mode du minimalisme apparaisse. Nous avons à la fois besoin de reconsidérer de façon objective l'emploi « juste » de nos objets et de lâcher prise sur les normes de la société qui nous conditionnent. La batterie de cuisine d'une personne vivant seule ne peut être celle d'une famille de quatre. Et si l'on veut prendre du plaisir à cuisiner, il faut que chaque ustensile soit facile d'emploi et apporte du plaisir à chaque utilisation. La vie est trop courte pour qu'on ne « s'amuse » pas, y compris en cuisine.

PEU DE VAISSELLE MAIS DE LA VAISSELLE QUI EST « NOUS »

Pourquoi possédons-nous, pour la plupart, autant de vaisselle ?

« Les possessions de Thoreau à Walden, dans sa cuisine...
- *Une louche.*
- *Une pince à feu.*
- *Une bouilloire.*
- *Un poêlon.*
- *Une poêle à frire.*
- *Une cuvette pour faire la vaisselle.*
- *Deux couteaux et deux fourchettes, trois assiettes, une tasse, une cuillère.*
- *Un bidon d'huile et un de molasse. »*

Philip Harnden, Journeys of Simplicity

Nos placards de vaisselle sont bien souvent remplis, surtout lorsque nous avançons en âge, même quand nous ne cuisinons pas ou que nous vivons seul. Nous possédons bien souvent de la vaisselle de famille ou offerte par des amis. Cette accumulation nous empêche d'organiser notre cuisine et d'avoir de l'espace qui nous permette de sortir, ranger, choisir les choses avec fluidité, et de cuisiner avec plus d'aisance au quotidien. Faire le tri dans sa vaisselle peut être un crève-cœur, mais cela peut aussi donner envie de rendre à sa cuisine un petit air de frais, et de trouver (ou retrouver) l'envie de cuisiner chez soi et pour soi.

Par où commencer son tri de vaisselle ?

« Voici un vieux bol à soupe et son couvercle
Non souillé par la suie[1] du monde »

Matsuo Bashō

On ne refait pas son style de vie en deux heures. Avant de sortir impulsivement toute votre vaisselle sur une grande table pour en faire le tri, posez-vous quelques questions :

- Ce que je possède est-il adapté aux types de repas que je fais tous les jours ?
- Est-ce que ma vaisselle est de la bonne taille par rapport à mon appétit, mon âge, mes besoins ?

1. Dans le monde du zen, la suie évoque le monde séculaire et toute sa vulgarité en possessions et vanité « bruyantes ».

- Reflète-t-elle vraiment mes goûts ?
- Est-elle facile à utiliser, laver, ranger ?

De la vaisselle adaptée aux besoins de chacun

Nous connaissons tous l'histoire de Boucle d'Or, cette petite fille qui va dans la maison des trois ours (le papa, la maman et leur petit), et qui essaie chaque bol et chaque lit pour découvrir lequel est à sa taille. Qu'en est-il chez nous ? Les objets « justes », c'est-à-dire adaptés à nos besoins, à notre taille et à notre goût, nous réconfortent, nous mettent en joie. Mais les objets justes, c'est aussi la quantité juste dont nous avons besoin. Si vous voulez dégager votre cuisine pour retrouver l'envie d'y cuisiner, le plus sage serait, si vous possédez de la vaisselle de famille à valeur sentimentale, de n'en garder que quelques éléments de petite taille (quelques verres à porto ou de petits verres apéritif anciens, à pied, sont assez polyvalents : ils conviennent à la plupart des alcools. Ils se cassent beaucoup moins que de grands verres à pied. Ils permettent aussi de boire avec plus de… modération ; les assiettes à dessert d'un service ancien, les ramequins…). Quant à l'argenterie, pourquoi ne pas garder que certaines pièces – les plus petites et les plus adaptées au quotidien (de petites fourchettes pour déguster des amuse-bouches, un petit couteau à beurre…), et donner le reste ? Moins vous aurez de ces objets souvenirs, plus vous les chérirez.

Une vaisselle adaptée à nos types de repas

« Le camélia sur la mousse du temple,
le violet des monts de Kyoto, une tasse de porcelaine bleue,
cette éclosion de la beauté pure au cœur des passions
éphémères, n'est-ce pas ce à quoi nous aspirons tous ? »

Muriel Barbery, L'Élégance du hérisson

Une jeune femme me disait que chacun, chez elle, avait son assiette : une grande pour son mari et une petite pour elle : sa « baby plate ». Ne possédez-vous pas, au fond de vos placards, des plats et ramequins en céramique dont vous ne vous servez jamais parce que vous ne savez pas précisément à quoi ils servent ? Si c'est le cas, et même s'ils sont beaux, qu'ils sont signés ou que c'est un ami potier qui vous les a offerts, ils n'ont pas leur place chez vous. Votre main, elle, sait ce qu'elle aime : elle se dirige toujours vers les mêmes pièces, sans que vous puissiez expliquer pourquoi. C'est probablement parce qu'elles sont pratiques, légères et faciles à laver, mais il y a certainement quelque chose de plus. Ne cherchons pas à comprendre. Acceptons nos attirances pour telle ou telle vaisselle, tout simplement.

Le côté pratique de certaines vaisselles

*« Ma façon de me nourrir est très simple.
Je sers la nourriture dans de jolies céramiques
que j'ai faites moi-même. Le plaisir des yeux nourrit l'âme.
Cette façon intuitive de vivre est un moyen de rester
en contact avec soi-même. Pas de règle : c'est à chacun
de sentir ce qui est bon pour lui-même.
Nous sommes tous différents. »*

Yasmina Rossi, mannequin sexagénaire

On ne voit plus, sur les réseaux sociaux, que l'immense « one plate » minceur de nombreuses femmes mannequins qui « bloguent » leur assiette unique au contenu équilibré et diététique. Quelle que soit sa couleur ou sa matière, peu importe. Ce qui compte, c'est le fait qu'elle puisse contenir un repas complet, que celui-ci y paraisse délicieux, et qu'elle ne demande pas de travail (lavage, rangement…). Cette nouvelle façon de prendre ses repas est un peu le pendant du millénaire bol de nos ancêtres, que ce soit la soupe et la tranche de pain vespérale de nos grands-pères auvergnats ou le bol de nouilles d'un Chinois, assis sur un petit banc en bois, sur le seuil de sa demeure. J'aime beaucoup l'une et l'autre de ces manières de prendre ses repas, qui peuvent être savourés en toute décontraction, que l'on soit sur son canapé ou sur son balcon. J'aime aussi le fait que le bol unique ait été, depuis toujours, symbole de simplicité et de pauvreté volontaire chez les mystiques, ermites et personnes spirituelles.

Le plus sage, pour posséder peu mais bien…

Le plus sage, pour posséder peu mais bien, est de choisir des pièces de vaisselle à usages multiples, de forme régulière, unies, transparentes, neutres, et d'éviter tout ce qui est « tendance » (et dont, par définition, on se lassera) ou trop artisanal ; de la vaisselle utilisable en toutes occasions, que l'on prenne ses repas seul, à deux ou à plusieurs. Une salade apparaîtra toujours meilleure dans un ramequin ou un saladier en verre ou en bois. Quelques bols et assiettes de taille moyenne sont idéaux pour une soupe, une salade, un bol « repas complet » (appelé vulgairement « Bouddha bowl »). Inutile aussi de s'encombrer de plats de service. Les aliments peuvent directement être transvasés de l'ustensile de préparation au bol ou à l'assiette. Pour un peu de fantaisie de temps en temps, ou une célébration spéciale, il suffit de quelques bougies, d'un bouquet sur la table et d'une musique de fond accordée avec ce que l'on a cuisiné ; cela apportera un côté festif. Vivre avec moins n'enlève rien au plaisir. Au contraire, paradoxalement, cela le décuple.

Quel style de vaisselle vous attire et vous ressemble le plus ?

« Comment exister si l'on ne sait pas où l'on est ? »

Muriel Barbery, L'Élégance du hérisson

- Simple et naturel ?
- Scandinave rétro, du style Hygge ?
- Bourgeois (fin, précieux) ?
- Doux et discret ?
- Industriel (pratique et léger, allant au micro-ondes et au lave-vaisselle) ?
- Artisanal ?
- Ethnique ?
- Ancien ?
- New Age (rotin...) ?
- Minimaliste (vaisselle blanche et carrée) ?

Certains ne remettent jamais en question le type et le nombre de leur vaisselle : ils ont trouvé leur style, simple en apparence, mais qui résulte, en réalité, d'années de tâtonnements. Ils ont plutôt tendance à aimer la simplicité. Voici, parmi les personnes de ma connaissance, deux d'entre elles : deux amis vivant en couple, Jean-Michel et Fabrice, et Chiyo, ma vieille amie de 87 ans qui continue à utiliser, comme elle l'a toujours fait, ses *mamezara* (petite vaisselle japonaise traditionnelle) pour le quotidien. Deux styles de vaisselle très différents, mais chacun très défini et correspondant parfaitement au goût, au mode de vie et aux besoins sociaux de celui ou celle qui les possède.

Jean-Michel et Fabrice : leurs quatre magnifiques assiettes bleues

Jean-Michel et Fabrice sont un jour passés de la passion pour les antiquités au minimalisme. Ils ont alors déménagé, changé leur décor, leurs meubles, mais ils ont quand même gardé quatre de leurs belles assiettes et de leurs verres qu'ils utilisent au quotidien. De magnifiques assiettes anciennes du XVIIIe siècle, blanches à motifs bleus, très légères, ainsi que quatre autres choses « de tout » : tasses à thé et théière, verres à vin, à eau, à whisky, petites assiettes blanches et carrées (« pour les épluchures d'orange », explique Fabrice avec modestie, mais aussi pour son merveilleux crumble anglais), ainsi qu'un grand saladier pour la salade et une petite corbeille à pain. Jean-Michel et Fabrice accordent beaucoup d'importance au rituel des repas ainsi qu'à la qualité de leur alimentation. Midi et soir, quels que soient les mets qu'ils consomment, ils utilisent cette vaisselle. Ce mode de vie ressemble presque, à mes yeux, à une ascèse monacale (rituel dans les repas, minimum dans la vaisselle…), mais aussi au summum de l'épicurisme. Rien, dans le quotidien de ce couple artiste et hédoniste, n'est laissé au hasard. Un style minimaliste, calculé et strict faisant penser à l'existence des bonzes zen vivant avec un set de trois bols (cinq, selon les écoles) seulement, mais menant une vie à la fois austère et riche.

Chiyo et sa vaisselle de dînette

« Se donner du mal pour les petites choses, c'est parvenir aux grandes avec le temps. »

Samuel Beckett

Table basse, minuscules plats contenant divers mets (un ramequin d'huile d'olive, un autre de gomasio fait maison pour tremper trois tomates cerises ou quelques rondelles de concombre, de petits verres à apéritif pour servir un fond d'alcool de prunes au vin rouge…), voilà la façon qu'a toujours eue Chiyo de présenter ses repas. L'art d'un bon repas, selon elle, n'est pas seulement le choix des objets mais la façon de les utiliser, de les faire « vivre », de marier contenants et contenus avec goût et originalité. C'est avoir envie de préparer avec amour de bons et jolis petits plats. Puis de les savourer lentement, en se détendant, un petit verre d'alcool en accompagnement, et de prendre son temps. Pour ce type de repas, inutile, bien sûr, d'avoir le « total look ». L'essentiel est de posséder des récipients de tailles et de profondeurs différentes pour le pain, une sauce… un peu comme le style « Lagom » : ni trop luxueux, ni trop cheap. Si un set d'une demi-douzaine de *mamezara* mesurant entre 4 et 10 centimètres de diamètre est nécessaire pour un repas traditionnel japonais, on peut très bien, au quotidien, comme le font les Japonais d'aujourd'hui, se contenter d'une bonne demi-douzaine :

1. une assiette plate d'environ 8 centimètres pour de la charcuterie, du saumon fumé… ;
2. un ramequin de couleur sombre de 10 centimètres – en laque ou en grès pour les légumes et diverses purées ;
3. un bol en verre transparent d'environ 10 centimètres de diamètre pour les salades, les yaourts… ;
4. une céramique rustique de 12 centimètres et à rebords d'environ 3 ou 4 centimètres (afin que la sauce ne coule pas) pour légumes, currys et autres plats mijotés ;
5. un petit bol d'un diamètre d'environ 10 centimètres pour une petite soupe, un peu de riz ;
6. un gros bol pour les soupes-repas, ou les « plats uniques dans un bol » ;
7. un ou deux *mamezara* de 4 ou 5 centimètres de diamètre (appelés *torizara* en japonais), plats peu profonds, pour une sauce à tremper, des cornichons et quelques rondelles de saucisson,

des olives, des petits restes de nourriture de la veille, ou bien déposer la nourriture prise dans un plat commun.

Alors, si vous sentez que ce style est le vôtre, partez, lors de votre prochaine visite dans les brocantes et vide-greniers ou bien pendant vos voyages, à la recherche de petites porcelaines, de pièces disparates de vaisselle de poupée (assiettes de dînette de Gien…), de ramequins à tapas ou de petits plats à sauce mexicains. Ces éléments sont ergonomiques, faciles à sortir, à prendre en main, laver, essuyer, ranger. C'est tout cela qui peut vous donner envie de vous nourrir chez vous et de cuisiner quotidiennement, même si c'est très simple.

Si vous deviez repenser votre vaisselier

« On ne possède que ce qui ne sera jamais perdu dans un naufrage. »

Al-Ghazali, philosophe d'origine perse du XIIe siècle

Le vaisselier parfait, quelle que soit sa taille, même si c'est seulement un placard-étagère sur l'un des murs de votre cuisine-placard, devrait contenir *tout* ce que vous possédez comme vaisselle. Si vous ne savez que garder et éliminer (ou acquérir), faites la liste de vos mets usuels ou de ceux que vous voudriez cuisiner. Si vous aimez la pizza, vous aurez besoin d'une grande assiette en bois. Si vous aimez les soupes complètes, vous aurez besoin d'un grand bol. Demandez-vous aussi si vous préférez manger à table, sur les genoux ou sur une table basse. Souvenez-vous : le peu est encore plus précieux que le beau. Trop de vaisselle, c'est un peu comme une couche de graisse malsaine sur les murs de sa cuisine. Si vous ne savez plus que faire de votre vaisselle, proposez-la à des associations, faites des sets de vaisselle pour deux et offrez-les à des amis qui en ont peu, ou à des jeunes qui s'installent.

SE CONSTITUER UN ARSENAL DE CUISINE NE PEUT ÊTRE QUE PERSONNEL

Les ustensiles de cuisson propres à chacun

« La masse aime le coûteux et non le raffiné ;
ce qui est à la mode, non ce qui est beau. »

Kakuzô Okakura, Le Petit Livre du thé
(Éditions Philippe Picquier, 2006)

Si vous avez toujours aimé certains ustensiles, et que votre bœuf mode n'est jamais aussi bon que dans votre bon vieux faitout, gardez-le. Nous sommes avec certains de nos ustensiles comme un vieux couple. Nous savons quelle intensité de chaleur leur convient pour chaque mets, la façon de les tenir, de les manier… Ils ne nous causent aucun stress et se sont patinés, adoucis avec le temps. Une Asiatique d'autrefois ne trouve rien de plus normal que de faire réchauffer son riz de la veille dans son vieux panier en bambou qui a pris la merveilleuse couleur de l'ocre au fil des années. L'amour que l'on a pour un objet humble est aussi important que sa valeur marchande. La liste des « basiques » évoquée plus haut n'est évidemment pas un must universel.

Les besoins de chacun varient aussi selon les cultures et les traditions familiales

« J'avais aussi tous mes ustensiles de cuisine préférés.
Le mortier de l'ère Meiji hérité de ma grand-mère
aujourd'hui disparue, le baquet en bois de cyprès
dans lequel je gardais le riz au chaud, la cocotte
en fonte Le Creuset enfin achetée avec mon premier
salaire, les baguettes de cuisine à pointe fine dénichées
chez un marchand spécialisé de Kyoto, le couteau d'office
italien que m'avait offert le chef d'un restaurant bio
pour mes vingt ans, mon tablier en lin si agréable
à porter, les galets ronds indispensables à la confection
des aubergines en saumure, sans oublier la poêle en fonte
pour laquelle j'avais fait tout le trajet jusqu'à Morioka.
Nous n'avions pas beaucoup de meubles,
mais des ustensiles de cuisine, si. Tous mes compagnons
de cuisine. Je puisais dans l'argent gagné chaque mois
grâce à mon petit job pour me constituer une batterie
d'ustensiles qui me dureraient longtemps,
même s'ils coûtaient un peu cher.
Et dire qu'ils commençaient tout juste à être faits
à ma main… »

Ito Ogawa, Le Restaurant de l'amour retrouvé
(Éditions Philippe Picquier, 2013)

Nous héritons tant de nos mères, de nos grands-mères, non seulement pour les goûts mais pour les ustensiles que nous utilisons. Une amie américaine me parle de sa mère, qui, seule au foyer et travaillant dur, avait possédé toute sa vie une poêle en fonte magnifiquement culottée par les milliers de mets qu'elle y avait cuisinés. Elle ne laissait jamais ses filles la laver, de peur que celles-ci en abîment la patine. Mais quand mon amie quitta le nid familial, sa mère lui offrit la même poêle, toute neuve. Mon amie l'utilise encore à ce jour, quarante ans après… Nous apprenons la cuisine bien souvent en regardant nos mères faire. Si nous les avons vues utiliser quotidiennement un objet, nous savons que nous aurons nous aussi besoin de ce même objet dans notre propre foyer. Certains ont donc besoin des ustensiles de cuisson particuliers à leurs coutumes. Cela peut être un *nabe* en terre pour les fondues japonaises, un plat à tajine pour les tajines marocains, une petite théière yixing pour un amateur de thés chinois…

Entourons-nous de matières nobles

« Intense poésie des lieux, beauté faite d'élégante sobriété des objets, en même temps que l'austérité de tout l'ensemble. Ici on pourrait dire : tout n'est qu'harmonie et simplicité, silence vivant et sérénité. »

S. J. Soutel-Gouiffes, La Voie des quatre vertus *(M. C. O. R., 2005)*

Il ne s'agit pas ici d'être réactionnaire, bien sûr, mais de faire preuve de bon sens. Vive les bons vieux moules en fer bien beurrés, huilés puis farinés. Vive les torchons en coton, le papier kraft recyclé, quand c'est vraiment nécessaire. Le fer, la fonte, l'inox, le verre, le coton sont des matières naturelles, sûres et recyclables. Elles résistent à l'épreuve du temps, ne polluent pas la planète, préservent notre santé et nous apportent un sentiment de confort et de vie saine, simple, comme autrefois. Une vie à laquelle tant de jeunes aspirent actuellement ! Elles apportent également une esthétique à la cuisine, une sorte de sobriété aussi bien dans les formes que dans les matières. C'est cette philosophie qui restaure une sorte d'équilibre et de proportions dans l'art de vivre. Insister sur l'importance des matériaux naturels dans une cuisine, c'est une façon de prendre conscience de ses véritables besoins et donc de se faire du bien. C'est s'entourer de beau et de vrai. Le bois, le bambou, le fer, la fonte, le verre, l'acier sont des matières naturelles que la montagne, la mer, les champs et les rivières nous ont offertes, tout comme les aliments non industriels, des ustensiles qui font chanter et danser notre nourriture dans la poêle, et qui, comme de fidèles serviteurs, seront à jamais présents à nos côtés, de plus en plus patinés, culottés, polis et adoucis au fil des années. Rentrer chez soi le soir, éreinté par une journée remplie de gens, d'ordinateurs, de bruit et d'agitation, et se demander ce que l'on va faire à dîner ne sera plus, grâce à ces compagnons silencieux, une corvée. Non seulement ils ne se contentent pas de simplifier notre vie, mais ils l'enrichissent.

Comment éliminer ce dont vous n'êtes pas sûr ?

Certains objets nous semblent utiles lorsque nous les achetons mais nous nous rendons compte qu'ils sont difficiles à utiliser. C'est souvent le cas pour les gadgets, les ustensiles électriques, les belles nappes en lin qu'il faut détacher, repasser, ranger, et qu'on finit par ne plus sortir, leur préférant les sets de table. Dès que vous remarquez dans votre cuisine quelque chose qui n'est pas indispensable et que vous utilisez peu (presse-citron, spatules…), mettez-le dans un carton. Si cet objet y est encore au bout de deux ou trois mois, débarrassez-vous-en définitivement. Pour les Japonais d'autrefois, la beauté de la simplicité, de l'utilité et de la fonctionnalité était le critère principal de l'art de vivre. En d'autres termes, plus c'était simple, plus c'était beau. Mon amie Akiko dit que tout doit rentrer dans son grand tiroir sous son plan de travail. Elle ne veut pas posséder plus. Et puis surtout, ne culpabilisez pas d'avoir fait des erreurs d'achat : qui n'en a jamais fait ? Mettez vos objets superflus hors de vue puis hors de chez vous, car ils vous font vous sentir coupable dès que vous les voyez. Viendra un jour où vous aurez exactement tout ce dont vous avez besoin, mais sans plus. Vous n'aurez même plus envie d'aller flâner dans les rayons de belle vaisselle, chez les antiquaires ou dans les brocantes. Vous savourerez secrètement, chez vous, chaque objet que vous utilisez, vous disant que vraiment, vous n'avez besoin de rien de plus.

Ne jetez pas certains de vos objets sentimentaux

« Le service à vaisselle Royal Worcester… elle y avait infusé encore plus de sa personnalité en l'utilisant jour après jour : les assiettes blanches sur les sets de table vert foncé contre le poli profond de sa table à manger en acajou, qu'elle serve un pudding d'été à un invité, ou qu'elle mange, seule, une quiche de Marks & Spencers. Et donc le service de porcelaine blanc avait fini dans mon buffet de salle à manger. L'aurais-je vendu, c'est une partie de son âme qui aurait disparu, mais pour aussi longtemps que je m'y suis attachée, une partie d'elle a vécu près de moi. »

Susannah Walker, The Life of Stuff *(Doubleday, 2018)*

Tout jeter ? Les vertus de la simplicité sont beaucoup plus profondes qu'une simple élimination. La simplicité ne doit pas reposer sur l'indifférence au matériel. Il ne faut pas trop retirer et il faut rester prudent concernant ce que l'on retire. Ce qui rend un objet spécial, ce n'est pas cet objet en soi, mais les souvenirs qu'il évoque. Votre cuillère en bois favorite peut être celle, tout usée, qu'a utilisée votre mère toute sa vie. Une amie me décrit « le bol en bois à foie haché » que sa mère avait toujours utilisé pour, vous l'aurez deviné, préparer de temps en temps ses pâtés. Mais en temps normal, elle l'utilisait pour ses salades. Comme elle n'était pas prête à le céder à sa fille, celle-ci a acheté le sien parce que, pour elle, celui-ci semble être le bol approprié pour la salade. Les objets qui nous rappellent des souvenirs ne sont donc pas tous à éliminer. Mais n'en gardons que quelques-uns, les moins volumineux. Ils vivront plus intensément avec nous. Et puis, il y a des objets que nous aimons sans raison, mais qui nous mettent à l'aise.

Ne jetons pas tout au nom de la simplicité

« Au moment où ma mère mourut, son malheur avait pris une forme solide en l'état de sa maison. Le cottage géorgien, autrefois immaculé, aussi net et régulier qu'une maison de poupée, pourrissait maintenant dans les papiers et les ordures. »

Susannah Walker, The Life of Stuff

Si repenser sa batterie de cuisine, c'est repenser sa façon de se nourrir, ce n'est pas non plus renier tout de son passé, de sa culture, de ses traditions familiales. Aimer et chérir ses ustensiles, c'est faire d'eux les témoins de notre vie. Un chiffonnier rempli de sets de table, de serviettes et de ronds de serviette gravés des initiales de leurs ancêtres équivaudrait, pour chez certains, comme le montre Susannah Walker, à jeter le souvenir intense de leurs défunts. Nous sommes en partie constitués de nos objets. Dans notre esprit, la limite entre ce qui nous appartient et ce qui est nous est parfois très floue. Nous nous exprimons à travers eux. Ils expriment à leur tour ce que nous sommes. Ces objets sont comme chargés d'un pouvoir électrique de mémoire. Lorsque nous envisageons de faire un grand tri, nous nous rendons compte que chacun a une histoire, une personnalité, une présence. Leur matière et leur design parlent de nos goûts, de notre pouvoir d'achat (de nos jours, de plus en plus d'objets résonnent avec une connotation sociale). Nous avons aussi besoin d'objets qui embellissent notre vie. Ce sont eux qui participent, secrètement, à notre bien-être et donc à notre santé, explique Alex Eagle, directrice artistique américaine qui a créé son propre concept store à New York. Mais veillons à ne pas trop nous attacher à ces objets, et à ce qu'ils restent, en tout cas, peu nombreux. Souvenons-nous que posséder amène à souffrir et que se contenter de peu est une grande richesse.

Le UN et son utilisation maximale

« Combien de poêles as-tu ? lui demandai-je.
Elle me répondit :
• deux poêles en verre (légumes et nouilles) :
une pour le jour même et une autre pour le lendemain ;
• deux poêles rectangulaires pour les boulettes de riz gluant ;
• une poêle en Tefal pour les omelettes ;
• une vieille poêle toute cabossée mais adorée,
de 20 centimètres ;
• un grand wok, peu utilisé
(trop grand pour une personne seule). »

Une amie japonaise, vivant seule

Le UN, c'est l'idée que l'on peut virtuellement tout faire avec un seul et même ustensile. Même si le concept est extrême et peu pratique, il faut le dire, c'est un fait que, bien généralement, nous n'exploitons pas assez le potentiel des multiples emplois que peut remplir un seul et même ustensile. Un faitout, comme son nom l'indique, est une casserole qui fait tout. Pourquoi ne pas aussi y pétrir son pain, y faire tremper une laitue ? Shibani Miyamoto, spécialiste des ustensiles de cuisine traditionnels et des recettes qui les accompagnent, nous rappelle que nous avons besoin de peu, très peu pour cuisiner. Autrefois, explique-t-elle, comme les gens étaient pauvres, ils possédaient peu d'ustensiles. Mais c'est justement ce qui a contribué à leur faire inventer toutes sortes de préparations : ils ne choisissaient pas leurs ustensiles en fonction de leurs recettes, mais leurs recettes en fonction de leurs ustensiles. Les grandes marques ont d'ailleurs pour technique de marketing d'offrir, de nos jours, pour tout achat de poêle ou de casserole, une brochure expliquant tous les types de cuisson et recettes que l'on peut y réaliser (la plus complète étant de faire frire, griller, sauter, mijoter et mettre au four). Pour ne pas s'encombrer de mille et un ustensiles de cuisson, le secret est donc de faire avec ce que l'on a, et de choisir les ustensiles les plus multifonctionnels possible.

En conclusion sur le tri et le choix des ustensiles de cuisine

« Scruter le trivial, cela peut être découvrir le monumental. Presque n'importe quel objet peut servir pour dévoiler les mystères de l'engineering et sa relation à l'art, au business, et à tous les autres aspects de notre culture. »

Henry Petroski, The Pencil : A History of Design and Circumstance

Dans la vieille et merveilleuse auberge Tawaraya de Kyoto, le propriétaire applique deux principes quant à la décoration des chambres : premièrement, aucun objet ou élément dans chacune des chambres ne doit se démarquer des autres. Deuxièmement, il ne faut pas révérer le vieux pour l'amour du vieux ; si c'est neuf et que cela convient, il faut l'utiliser. Voilà exactement les principes selon lesquels nous devrions entreprendre notre tri.

Deuxième partie

COURSES ET STOCKAGE DES ALIMENTS

L'ART DE FAIRE LES COURSES

Pas de cuisine maison sans aller d'abord faire des courses

« Il n'y a rien de plus normal que de faire ses courses chaque dimanche matin, et de passer quelques heures par semaine à cuisiner pour manger sain. Pourtant, beaucoup de femmes contestent le fait d'avoir du temps pour cela : la société française n'encourage pas à la santé en validant le manque de temps. »

Emmanuel, un ami célibataire

Combien prenons-nous de repas dans notre vie, à raison de deux par jour ? Entre l'âge de 20 et de 90 ans, environ 50 000. Cinquante mille fois, nous nous serons demandé ce que nous allions manger. Si, pour certains, aller faire les courses est un plaisir, il s'agit pour d'autres d'une activité compliquée et frustrante. En un mot : une corvée. Qu'acheter ? Que prévoir pour les repas suivants ? De plus, si le choix des aliments est déjà un défi en soi, un autre nous attend en rentrant chez nous : il faut déballer, mettre au réfrigérateur, dans les placards, jeter les emballages… à quoi s'ajoute le stress d'avoir à vérifier ce qui est encore consommable ou non dans le réfrigérateur. Il est tellement plus tentant de remplir son congélateur de surgelés et de plats industriels, ou de se faire livrer un repas… ! Mais s'organiser pour faire de « bonnes » courses de produits frais et toujours avoir un petit stock de denrées non périssables n'est pas aussi chronophage et désagréable qu'il y paraît. Tout est affaire de bon sens et de timing. Il est possible de toujours avoir de quoi se préparer un petit repas chaud « maison », même en ne faisant pas les courses tous les deux jours. Avec un peu d'organisation, on peut manger chez soi tous les jours en n'allant faire les « grosses » courses que tous les quinze jours (voire une fois par mois), et les « petites », une seule fois par semaine. Si vous choisissez de vous faire livrer un panier (ou un demi-panier, ce qui est bien souvent suffisant pour une seule personne) hebdomadaire de fruits et légumes, ces « petites courses » se résumeront aux protéines (viandes, poissons et laitages frais).

Adieu, tous les aliments industriels de nos placards

« Le coucou chante
Dans mon petit panier
Deux ou trois aubergines »

Takarai Kikaku, poète haikai japonais de l'époque d'Edo

Les raisons pour lesquelles nous cuisinons de moins en moins sont variées, mais deux prévalent : soit des placards vides, soit, au contraire, des placards bondés de produits industriels non sains et « prêts à consommer ». Mais, on le sait, ceux-ci sont aussi mauvais pour le moral que pour la santé : ils incitent au laisser-aller, à une certaine paresse et au désintérêt pour sa santé. En outre, si nous croyons (à tort) que les surgelés et les denrées industrielles sont moins onéreux que le frais, nous savons aussi qu'ils n'apportent pas vraiment de plaisir. Nous les consommons en trop grandes quantités, n'atteignant jamais la satiété gustative. Alors, si vous voulez désormais trouver du plaisir à cuisiner maison, la première chose à faire est de passer votre garde-manger au scanner et de le vider de tout ce qui est industriel, non appétissant ou périmé, puis de le remplir à nouveau, mais en moindres quantités, de produits de qualité (sans additifs chimiques) et frais. Gaspillage ? Au contraire : le vrai gaspillage, c'est de ne pas nourrir son corps correctement, de ne pas prendre de plaisir à manger bon. Un plat fait maison rassasie. Un plat industriel, non.

Triez vos denrées

« Autrefois, il n'y avait pas d'emballages sur la nourriture. Le contenant, cela n'a pas toujours été. Ni les marques. »

Henry Petroski, The Pencil : A History of Design and Circumstance

Sortez tout. Absolument tout. Mettez de côté ce qui est transformé par l'industrie agroalimentaire. Chaque étape de votre tri doit représenter un argument de plus pour que vous n'achetiez plus jamais ce type de produits. Vous vous rendrez compte que ne plus manger « industriel » est simple et extrêmement gratifiant, et que lorsque nous faisons des plats maison, nous n'en laissons pas une miette. Même quand il y a des restes, nous avons du plaisir à les finir le lendemain, ce qui n'est pas le cas avec une pizza livrée dont les restes partent généralement à la poubelle le soir même. Que garder alors, lors de votre tri ? Uniquement ce qui n'a pas d'étiquette ou qui est à l'état brut (céréales, vinaigre, huile…). Ne jetez pas cependant ce qui est encore consommable : donnez-le à des associations. Puis préparez une liste et partez faire de vraies courses pour acheter de « vrais » aliments.

Redécouvrez la cuisine du placard

La « cuisine du placard » est un art. C'est, pourrait-on dire, celui de la cuisine de tous les jours : savoir préparer avec les quelques ingrédients que l'on a sous la main un plat savoureux. Emploi du temps chargé, magasins fermés... ne vous inquiétez pas. Sans tomber dans le syndrome de l'écureuil, vous pouvez vous constituer un petit stock de produits de base qui seront vos meilleurs alliés pour une cuisine sans stress devant un réfrigérateur presque vide : quelques produits incontournables qui vous assureront la paix de l'esprit. Les suggestions de denrées et idées de repas qui suivent sont françaises, mais chaque pays, chaque culture a ses équivalents. Ce sera donc à vous de choisir, de faire vos listes, de noter vos idées.

Deux types de courses à différencier

« Avoir trop de légumes chez soi, c'est stressant. »

Takako, une amie vivant seule

Combien de fois je pense à cette réflexion de mon amie, en constatant qu'il me reste encore huit petits poivrons qui étaient vendus dans un sac, et en me demandant ce que je vais bien pouvoir en faire… Le premier pas, lorsqu'on part en courses, est de veiller à faire des courses que j'appelle « intelligentes » : c'est-à-dire acheter ni trop, ni trop peu, mais juste de quoi toujours avoir chez soi quelque chose de bon, sain et frais à manger. Pour simplifier la corvée des courses, l'idée est donc de répartir celles-ci en deux étapes : celle des denrées non périssables, dites de longue conservation, et celle des produits frais ou semi-frais. L'idéal est de se constituer une liste de ses essentiels en denrées de longue conservation, puis de choisir, au fil des saisons et des envies, ses produits frais.

Le stock de denrées de longue conservation

Un bon stock de denrées de longue conservation n'a pas besoin d'être important, à condition d'être vérifié et renouvelé régulièrement. À moins de vivre en rase campagne, et/ou d'avoir un potager, inutile de prévoir pour six mois un stock de pâtes ou de thé en sachet. Ils prennent de la place dans les placards. En conserver trop crée également la confusion quand il faut commencer à préparer un repas ; ce trop de denrées engendre les oublis quand elles sont cachées au fond d'une étagère ou du réfrigérateur. De plus, même si elles sont censées être « de longue conservation », elles peuvent, après plusieurs mois, perdre de leur goût. Enfin, on peut avoir envie de changer de produits, après quelque temps. Avez-vous réellement besoin de 4 kilos de pâtes d'avance ? Prenez le temps de faire une liste écrite de ce que vous aimez et de ce que vous consommez régulièrement. Cette liste restera vôtre pendant des années.

La liste de nos basiques

« De la farine, de l'huile à cuisiner, du sel. »

Bill Porter, La Route céleste *(Médicis, 1994), à propos de l'ermite de Tailaoshan*

Ceux qui cuisinent quotidiennement consomment plus ou moins toujours les mêmes produits (une trentaine, dénombrent certaines études). Les autres n'ont pas d'idée précise de leurs « basiques ». Afin de toujours avoir de quoi manger chez vous, l'idée est de savoir d'abord ce que vous aimez manger et le type de cuisine que vous voulez préparer (vietnamienne, marocaine, italienne, « cétogène », végane ?). C'est en fonction de ces préférences que vous constituerez votre liste de « basiques » (légumineuses, condiments, boîtes de conserve, produits séchés, épices...). En utilisant ces mêmes aliments, d'une recette à l'autre, vous réduirez les risques de gaspillage et vous n'aurez plus l'impression de toujours manger la même chose. Mais attention : vouloir manger italien un soir, japonais le lendemain et indien le surlendemain vous amènera à avoir trop de stocks de produits non versatiles. Votre vie en cuisine n'en sera que plus compliquée. Limitez-vous aux produits nécessaires à vos recettes quotidiennes. Vous n'en apprécierez que plus un bon petit restaurant exotique de temps en temps.

L'achat des produits frais

L'achat des produits frais peut se décliner en deux types : les produits de courte durée, et ceux qui se conservent environ une semaine. Des courses une fois par semaine devraient donc suffire à ceux qui n'ont pas beaucoup de temps. Pour les produits de courte durée, tout dépend du climat et des saisons. Plus un poisson est frais, meilleur il est. Une viande, elle, peut attendre quelques jours. Veillez donc à consommer en premier les aliments qui ne se conservent pas longtemps, que ce soient les protéines, les légumes ou les fruits. Vous aurez toujours, ensuite, les produits de semi-courte durée : des saucisses fumées, du jambon, du fromage, certains légumes, des produits fermentés… Bien sûr, la façon dont vous stockez vos aliments prolongera plus ou moins leur fraîcheur, mais en règle générale, évitez, si vous vivez seul ou à deux, les grosses quantités et les légumes de taille importante. Une grosse laitue est toujours trop, même pour deux. Préférez-lui les cœurs de laitue, les citrines bien pommées, les jeunes pousses… *Idem* pour les choux, les potimarrons : choisissez-en qui se vendent par moitié, ou qui sont de petite taille.

Faire des courses intelligentes, c'est aussi se limiter, au quotidien, à des denrées versatiles

« La soupe vermicelle : eau, sel, vermicelle à la dente, blanc d'œuf tourné énergiquement puis, dans les bols, le jaune d'œuf. »

Nathalie George, La Cuisine du 6e étage *(Éditions Hérodios, 2020)*

Nathalie George, dans son ouvrage *La Cuisine du 6e étage*, relate comment, suite à des ennuis financiers, elle est passée de la vie bourgeoise à celle dans une chambre de bonne, et comment elle s'y est prise pour cuisiner, malgré tout, d'excellents et vrais repas. Elle nous rappelle à quel point peu suffit pour se nourrir, à condition de toujours avoir chez soi quelques produits frais ainsi qu'un petit stock d'aliments secs et en conserve. La preuve ? Sa « soupe parisienne ». Il n'est même pas besoin, dit-elle, d'aller faire des courses pour cette soupe. Un œuf et un peu de vermicelles suffisent. Les œufs se conservent six mois, le vermicelle, lui, des années. Avec une feuille de chou émincé, une boîte de thon, un peu de vinaigre, de la moutarde et un œuf dur, on peut faire en quelques minutes une excellente salade complète. *Idem* pour un bouquet de brocolis vapeur avec une boîte de sardines et une poignée de spaghettis. Les ingrédients versatiles, ce sont des ingrédients qui sont utilisés dans pratiquement toutes les cuisines du monde, des ingrédients que vous pouvez préparer chaque jour sans vous lasser, et qui s'associent, pour la plupart, aux épices et condiments de vos goûts. Ces aliments, ce sont :

- les aliments à base de fécules et féculents (haricots secs, pâtes, galettes, tortillas, nan, pain, pommes de terre, riz…) pour les mets de consistance ;
- l'huile d'olive ou le beurre pour apporter de la graisse aux mets ;
- l'oignon et l'ail pour aromatiser ;
- les tomates en boîte, le lait ou la crème fraîche pour une soupe ;
- l'anchois en tube ou en boîte, la purée de tomates, le parmesan, la crème épaisse, l'avocat… pour rehausser les goûts et composer les salades ;
- quelques saucisses, des œufs, du bacon, du thon en boîte pour accompagner les légumes ;
- les tomates fraîches, le citron, le vinaigre, pour apporter un peu d'acidité ;

- les épices et fines herbes correspondant au type de cuisine que vous aimez.

Vous n'avez pas, bien sûr, à stocker TOUS ces types de produit. Deux ou trois variétés de certains suffisent. Vous n'aurez pas besoin de pâtes ou de riz si vous suivez une diète cétogène. Vous aurez besoin de plus de types de haricots et lentilles si vous êtes végan. Il vous faudra plusieurs kilos de riz si celui-ci constitue la base de votre alimentation. Le but est d'avoir toujours assez de quoi se faire un repas pour un petit mois, mais sans plus, et de ne jamais se retrouver un dimanche soir sans rien à manger chez soi.

Les courses de ceux qui vivent seuls...

Si tant de personnes vivant seules ne cuisinent pas, c'est que les quantités vendues en magasin sont trop importantes pour elles. Elles se retrouvent alors avec de la nourriture à ne plus savoir qu'en faire. La solution ? Opter pour les achats en vrac qui, de plus, apportent de la variété aux menus : quinoa, riz sauvage, millet, abricots, canneberges séchées, farine et flocons d'avoine... Quant à la viande, au poisson et aux produits laitiers, si vous en consommez, le plus économique est, finalement, de les acheter au détail et donc non préemballés. Même si acheter en grand format est généralement moins cher, une partie finit toujours au compost ou à la poubelle, et les euros épargnés sont vite gaspillés.

L'ordre idéal dans lequel faire ses courses

Lorsqu'on a chez soi les basiques, que l'on fait régulièrement ses courses au même endroit, les courses pour la semaine prennent peu de temps. On connaît les rayons, les commerçants. Vingt minutes suffisent pour passer en premier chez le boucher et le poissonnier, puis chez le charcutier et ensuite chez le primeur (vous saurez alors quels légumes choisir pour accompagner les protéines que vous venez d'acheter), enfin, chez le crémier et le boulanger. Lorsqu'on a pris l'habitude de cuisiner, les choix se font naturellement. On connaît ses commerçants. Ils nous conseillent le meilleur, nous recommandent telle ou telle cuisson, tel légume pour telle viande... On ne perd plus de temps dans les allées des supermarchés dans lesquelles on achète bien souvent mille choses n'ayant pas été prévues sur notre liste.

Et puis, ne l'oublions pas…

« L'usine et le laboratoire se sont substitués à la cuisine domestique, et les aliments semi finis, calibrés, standardisés, prêts à consommer éliminent progressivement les produits du terroir. »

Alain Leménorel, chercheur en sociologie

Consommer frais et local est le premier et seul acte politique qui soit. C'est le seul vraiment efficace pour faire face aux désastres qu'engendre la société de consommation. Même avec un poulet fermier de la meilleure qualité, on dépense moins, bon an mal an, en mangeant chez soi que dans une brasserie. C'est en choisissant notre façon de nous nourrir que nous pourrons mettre un frein à l'excès du loisir, et à la folie du gain aux dépens de la morale et du bien-être de l'humanité. L'accroissement du télétravail et la popularité du slow cooking vont peut-être donner une nouvelle occasion, à ceux qui ne l'ont pas eue, d'apprendre à cuisiner.

L'ART DE STOCKER SES DENRÉES

Les bénéfices de bien savoir stocker ses aliments

« Traitez la nourriture avec autant de respect que si elle était destinée à la table de l'empereur. Ayez les mêmes égards pour tous les aliments, qu'ils soient cuits ou crus. »

Dôgen, Instructions au cuisinier zen *(Le Promeneur, 1994)*

Cela va de soi, mais savoir correctement stocker ses aliments est essentiel si l'on veut cuisiner maison régulièrement. Tout d'abord, bien stocker permet de toujours savoir ce que l'on a à sa disposition, et ainsi d'éviter le gaspillage. Ensuite, on y gagne en économies, en ne laissant pas s'abîmer certaines denrées. Mais, surtout, un bon stockage (pratique et clair) incite et donne envie de cuisiner.

Le stockage des aliments se divise en quatre parties :

- les aliments secs de longue conservation ;
- les aliments frais n'ayant pas besoin d'être réfrigérés ;

- les aliments ayant besoin d'être réfrigérés ;
- les aliments congelés.

Le stockage des aliments secs de longue conservation

« Matin de neige
Tout seul je mâche
Du saumon séché »
Matsuo Bashō

Pour stocker ses aliments secs, peu besoin d'espace ou de connaissances spéciales ; un petit meuble (ou deux planches sur un mur) suffit à ranger les bocaux en verre (farines, céréales, sucre, gros sel, graines, champignons séchés, fruits secs…). L'huile et le sel peuvent rester sur le plan de travail. Dans un petit panier, les épices. J'use et abuse, personnellement, des pots de Nescafé recyclés : avec leur forme carrée, ils ne prennent pas de place et leur couvercle est parfaitement hermétique. Si tout votre stock ne rentre pas dans ces pots et que votre cuisine n'a pas beaucoup de rangements, gardez le reste de vos stocks ailleurs que dans votre cuisine. réemplissez vos bocaux quand ils sont vides, au fur et à mesure. Si vous n'avez vraiment pas assez de place dans votre coin cuisine, installez dans votre salon une étagère sur laquelle vous ferez de vos pots de graines et farines des éléments de déco.

Certains rétorqueront qu'il ne faut pas exposer les aliments à la lumière, mais si vous vivez dans un petit espace, c'est que vous vivez seul ou à deux, et donc vous n'avez pas besoin de tonnes de stocks.

Les produits d'épicerie à toujours avoir dans son placard

On devrait toujours avoir dans son placard un minimum de produits d'épicerie : pâtes, riz, légumes secs, conserves (ils sont peu chers et très pratiques pour remplacer les produits frais hors saison), ainsi qu'une variété de condiments (huiles végétales, vinaigres, épices, aromates…) :

- féculents : pâtes, riz, semoule, boulgour, farine… ;
- légumes secs : pois chiches, lentilles, haricots rouges, noirs, blancs… ;
- protéines et légumes en conserve et en bocal (thon, maquereau, sardines, champignons…) ;
- un ou deux bocaux d'épicerie fine (artichauts marinés, foie gras…) : ils transforment instantanément un repas frugal en un repas léger mais luxueux et raffiné. En avoir un ou deux chez soi, en cas de visite impromptue, est toujours une bénédiction. Ce sont d'ailleurs les meilleures idées de cadeau que l'on puisse offrir ou… se faire offrir.

Les petits « plus » du placard, si vous voulez cuisiner autre que français...

La cuisine du placard n'est pas forcément une cuisine de nécessité. Si cuisiner avec trois fois rien est devenu votre credo, organisez votre placard selon des thématiques ! Pas de cuisine orientale sans feuilles de brick, pois chiches, fruits secs (raisins, abricots, pruneaux, dattes...), ras el-hanout, olives, harissa, amandes, piment, macis, menthe, coriandre... Pour une cuisine méditerranéenne, misez sur des produits phares : tapenade, pesto, tomates séchées, câpres, pignons de pin, huile d'olive, origan... Quant aux incontournables de la cuisine asiatique, ce sont : le lait de coco, la coco en poudre, les graines de sésame, le gingembre, le wasabi, le riz à sushi, le vinaigre de riz, la sauce soja... Enfin, si vous aimez cuisiner façon Caraïbes, approvisionnez-vous en riz, haricots rouges, cannelle, curry, curcuma, rhum, etc.

Ce que tout bon placard de cuisine doit contenir

Au minimum, de la farine et du sucre, des bouillons cubes (une de mes rares concessions à l'alimentation industrielle ; on en trouve d'ailleurs dans les boutiques bio), de la moutarde, du sel et du poivre, deux ou trois sortes d'huile, du vinaigre, des oignons et de l'ail ainsi qu'une variété d'épices et aromates : ces derniers sont de précieux alliés dans une cuisine, car c'est grâce à eux que le goût de nos plats est relevé ou exhalé.

- Condiments : sel, câpres, piment, moutarde, pickles, raifort…
- Épices : cardamone, cumin, curcuma, baies roses, piment séché, épices des cinq baies, le « cinq épices » chinois, colombo, curry, garam masala, noix de muscade, paprika, poivre de Sichuan, ras el-hanout, safran, clous de girofle…
- Aromates : badiane, cannelle, baies de genièvre, gingembre…
- Herbes aromatiques : persil, ciboulette, gingembre, aneth, basilic, citronnelle, coriandre, estragon, laurier, origan, thym, sauge, menthe, romarin…

Le stockage des aliments frais n'ayant pas besoin d'être réfrigérés

« Moins il y a de choses dans une cuisine, plus on s'y retrouve. C'est exactement comme dans une garde-robe (je ne sais pas quoi me mettre). Quand il y a trop de trucs dans le frigo ou d'ustensiles de cuisine, on est débordé, le cerveau ne sait plus trop quoi choisir. Avec peu, on se dit : "Ceci, je vais le cuisiner

avec cela." Dans le frigo, si j'ai des œufs et une courgette,
je me dis tout de suite que je vais faire une omelette
à la courgette. Je ne me pose pas plus de questions
que cela. C'est ça le secret. Il s'agit surtout
de ne pas encombrer le frigo ni les placards de cuisine. »

Florence, une amie

Attention, les aliments frais ne se conservent ni ensemble, ni au même endroit. Les uns ont besoin du réfrigérateur, les autres, non ; les uns, de lumière, les autres, d'obscurité. Pommes de terre, betteraves, navets, carottes, panais, céleris-raves, oignons aiment le frais et le sec à l'abri de la lumière. Un petit cageot leur convient, dans le bas d'un placard. Échalotes, ail, citrons trouvent leur place dans un petit panier ou dans un cuit-vapeur en bambou suspendu (offrant ainsi une parfaite source de ventilation). Attention toutefois à ne pas entreposer les oignons et les pommes de terre ensemble : ils se détériorent plus vite au contact les uns des autres. Quant aux plus fragiles (tomates, melons, courges, fruits…), ils n'aiment pas, en général, le réfrigérateur qui leur fait perdre leur saveur (c'est seulement lorsqu'ils ont été coupés qu'on peut les réfrigérer, car ils ne sont plus protégés par leur peau). Évitez donc, en règle générale, de réfrigérer vos légumes, et de les couper avant de les réfrigérer. Mieux vaut les débiter à la dernière minute. Même si les bâtonnets de céleri et de carottes coupés à l'avance sont pratiques, ils ont tendance à se dessécher. Au pire, enrobez-les d'un linge humide avant de les placer dans un contenant hermétique au réfrigérateur.

Le stockage des aliments ayant besoin d'être réfrigérés et les contenants adéquats

« Une amie m'a dit un jour : j'ai finalement nettoyé mon frigo et maintenant je sais que je peux changer de carrière. »

Gretchen Rubin, Ma vie en mieux *(Flammarion, 2016)*

Peu d'aliments ont besoin d'être réfrigérés. Il suffit de regarder ceux qui le sont dans les magasins. Même les œufs ne le sont pas, ni même la plupart des légumes. Il est vrai qu'un supermarché est toujours climatisé, ce qui peut ne pas être le cas chez soi, en période de canicule. Mais, en général, seuls quelques aliments ont leur place au réfrigérateur : produits laitiers, légumes fragiles, viandes, poissons, restes de mets cuisinés… Les ramequins en Pyrex à couvercle sont très pratiques pour conserver les aliments au réfrigérateur. Ils font aussi office de mini-coupelles à salade, de ramequins à gratin individuels (comme d'habitude, vive le multi-usage !). Les bouteilles de jus de fruits recyclées, avec leur couvercle en métal, sont idéales pour conserver l'eau fraîche dans la porte du réfrigérateur, un reste de soupe ou une sauce bolognaise (qui peut ensuite être réchauffée au bain-marie). Quant aux légumes à feuilles (laitue, mâche, pissenlits…), ils peuvent être conservés, déjà lavés et humectés, dans un torchon ou un sac en tissu placé dans le bas du réfrigérateur. Si vous tenez à mettre vos légumes racines au réfrigérateur (carottes, navets…), coupez les feuilles de ceux-ci : ce sont elles qui pompent leur eau, entraînant alors leur dessèchement.

Mes boîtes à légumes en émail

« Tachetés de boue
Par la rosée
Les melons ont un air de frais »

Matsuo Bashō

Mes contenants préférés pour le réfrigérateur sont une collection de boîtes en fer émaillé à couvercle hermétique, de tailles différentes, encastrables, comme des poupées russes. De petits détails, dira-t-on, mais que la vie est simple lorsqu'on a les bons containers ! La plus grande, de la taille d'une grande boîte à chaussures, conserve un temps incroyable les légumes fragiles ou à feuilles (aubergines, champignons, concombres, épinards…). Pour que ces légumes restent croquants, je les lave avant de les mettre dans la boîte et je les couvre, encore humides, d'un linge fin. Un effet de serre se met alors en place, d'où leur parfaite conservation. C'est également dans cette boîte que je range mes moitiés de légumes non utilisées : fini la corvée du film étirable, ou la tendance à cuisiner le légume entier, par paresse d'avoir, ensuite, à sortir le film étirable pour le remettre au réfrigérateur. J'ai d'autres boîtes, plus petites, pour les fines herbes, la viande, le saumon fumé… Je les utilise aussi parfois pour réchauffer un gratin au four, faire mariner une viande, emporter un bento…

La conservation du fromage

De nombreux fromages n'aiment pas transpirer. Ils ont besoin de respirer, sinon ils émettent des gouttelettes d'eau et se mettent à moisir, à sentir fort. Il ne faut donc surtout pas conserver le fromage dans du plastique. L'idéal est leur propre papier d'emballage, ou, s'ils ont été achetés emballés dans du plastique, une feuille de papier sulfurisé. La température idéale ? 8 ou 9 °C pour les plus fragiles et un endroit frais et sombre du placard pour les autres.

La conservation des aliments délicats

Foie gras, œufs de poisson… tout comme les légumes, on peut les enrouler dans de la gaze, puis les conserver dans un contenant hermétique. Les petits fruits délicats (mûres, fraises, framboises…) sont très riches en humidité. S'ils dépérissent vite, c'est qu'ils se dessèchent ou moisissent. Il ne faut donc pas les laver à l'avance, mais attendre, pour ce faire, la dernière minute, juste avant de les consommer. Le mieux est de les conserver dans un bocal bien fermé au réfrigérateur.

Que faire des restes en petites quantités ?

Cuisses de poulet froid, poivrons farcis, restes de steak de tofu… une de mes amies garde toujours, dans son réfrigérateur, à portée de vue, une boîte qu'elle a prénommée « Merci ». Elle n'achète pas de nourriture et ne prépare rien de nouveau tant que cette boîte n'est pas vide.

Mûrissement ou retardement de mûrissement des fruits

« Le calme discret des kakis
Absorbe le soleil
Au plus profond »

Furo, Haïkus. L'art de boire et manger peu *(Seuil, 2020)*

Votre avocat est mûr, mais vous n'avez pas envie de le manger ? Placez-le au frigo : le froid en ralentira le mûrissement. Vous gagnerez quelques jours pour le consommer. Au contraire, si vous avez prévu du guacamole pour demain mais que votre avocat est dur comme de la roche, placez-le à température ambiante dans un bol, avec une banane. Il sera parfaitement mûr en 24 heures. Certains fruits, comme l'avocat, la pomme, la mangue, et tous les agrumes en général, continuent de mûrir après avoir été cueillis. Mieux vaut donc ne pas les ranger au contact des autres.

Un plateau pour les viandes, les poissons

« Les palourdes
Méritent qu'on vive !
Fin de l'année »

Matsuo Bashō

Le bon sens veut que l'on place viandes et poissons sur l'étagère la plus basse de son réfrigérateur, sur un plateau ou une assiette : s'il en coule quelque chose, le reste ne sera pas contaminé. Un petit plateau pour décongeler une nuit un aliment est aussi bien pratique.

Pour un beurre jamais ni trop dur ni trop mou…

Offrez-vous un bon et vrai beurrier en bois épais. Non seulement vous ne garderez plus votre beurre directement dans le frigo, avec son emballage à moitié déchiré, mais vous pourrez même ne pas l'y mettre, excepté par grosses chaleurs : le bois le maintiendra, à température ambiante, à une consistance presque toujours identique.

Et s'il vous reste de la place dans le réfrigérateur…

Rangez-y quelques verres à champagne, un saladier en verre pour vos salades de crudité, des sachets de thé déjà infusés à mettre en compresses sur vos yeux fatigués, ou… votre vernis à ongles.

Le stockage des aliments congelés

Un congélateur est surtout utile pour les familles nombreuses (cuisiner de grandes quantités et en congeler des portions individuelles fait économiser du temps, de l'argent et de l'énergie – moins de vaisselle à faire, gazinière à nettoyer, ingrédients à stocker, laver, préparer...), mais aussi pour les foyers composés d'une ou de deux personnes, si celles-ci ne veulent ou ne peuvent pas cuisiner tous les jours. Pour une personne vivant seule, cependant, un simple compartiment « congélation » dans le réfrigérateur suffit. On devrait congeler le moins possible. Ce n'est jamais aussi bon que le frais. De plus, trouver le bon contenant pour congeler, le rouleau de film étirable, attendre la décongélation, ou, pire, utiliser le micro-ondes, demande finalement plus de manipulations que de se préparer un petit boudin aux pommes et une endive aux betteraves rouges en vinaigrette. Un congélateur n'est utile que pour :

- un peu de pain ;
- quelques protéines en cas de panne (saucisses, bacon en cubes, champignons émincés, viande hachée ou, exceptionnellement, un ou deux filets de poisson ou de blancs de poulet, des scampis, un reste de plat mijoté...) ;
- quelques haricots secs cuits d'avance ;
- du gingembre en racines (se râpant plus facilement congelé et non épluché, s'il est bio) ;
- des glaçons de concentré de tomates (dont on n'utilise bien souvent qu'une cuillerée dans un plat, mais on peut aussi choisir d'utiliser la purée de tomate en tube, qui est plus concentrée et se conserve au réfrigérateur) et des tomates cerises (jolies et pratiques, tout aussi bien dans un plat qu'en guise de glaçons dans un cocktail) ;

- du citron, coupé en quartiers (agrumes qui ne se conservent pas longtemps autrement et qui se décongèlent en cinq minutes, trempés dans un bol d'eau froide) ;
- des herbes aromatiques congelées en glaçons dans un petit peu d'eau ;
- du parmesan râpé : acheté en bloc, puis râpé chez soi et mis dans en bocal (il coûte trois fois moins cher que déjà râpé et conditionné, et il se conserve des mois) ;
- enfin, même si ce sont des produits industriels, les biscuits apéritif, les bretzels ou gâteaux secs : ils seront prêts à être consommés la fois suivante, aussi croustillants que s'ils sortaient de leur paquet d'emballage, sans même avoir eu à être décongelés. *Idem* pour les fruits à coque.

Dans quels contenants congeler ses aliments ?

Certains puristes ne jurent que par les sachets en silicone pour les aliments qui se collent les uns aux autres dans un contenant en verre, mais ceux-ci sont peu agréables au toucher et difficiles à nettoyer. Inutile, donc, d'être plus royaliste que le roi : les sachets en plastique à fermeture à glissière sont bien pratiques. De taille égale et rangés en « jeu de cartes », ils produisent un agréable effet visuel à chaque fois que vous ouvrez votre tiroir congélation ou que vous les voyez bien alignés en rang dans votre congélateur, parfaitement étiquetés et datés.

Le réfrigérateur n'est pas un fourre-tout

« *Chaque Français jette en moyenne* 20 kilos d'aliments par an, *soit 21 % des aliments achetés. Parmi ceux-ci, 50 % sont des fruits et des légumes. Plus surprenant encore, 30 % de ces aliments sont jetés avant même d'avoir été déballés. Nous jetons ainsi en moyenne 1,2 million de tonnes de nourriture encore consommable chaque année !* »

Le Journal minimal

Les réfrigérateurs actuels ont en général 5 ou 6 portes. Ce sont de véritables armoires dans lesquelles nous fourrons tout et n'importe quoi, y compris ce qui n'a pas besoin d'être réfrigéré. Mais tout comme dans notre estomac, nous ne devrions pas y mettre n'importe quoi, à commencer par ces denrées truffées de produits chimiques. Et puis, combien de Tupperware possédons-nous pour réfrigérer nos restes ? Le réfrigérateur est le concentré de toute notre malbouffe, de la mauvaise gestion de notre alimentation et de notre budget, de nos excès, de notre gourmandise, de notre paresse pour cuisiner. Il consomme beaucoup en électricité. Comme disait un cuisinier chinois, il faudrait vider son réfrigérateur comme on vide ses intestins, tous les trois jours. Inutile, donc de s'encombrer d'un de ces nouveaux monstres des cuisines modernes. Un réfrigérateur de taille moyenne suffit, à condition d'être rempli intelligemment. C'est aussi moins de ménage, moins de tri. Mais selon moi, le plus gros avantage de troquer un gros réfrigérateur contre un plus petit, c'est que, comme on ne peut pas y stocker trop de nourriture, on peut non seulement voir d'un coup d'œil ce qui s'y trouve à cuisiner mais on change ses habitudes de consommation. Changer de taille de réfrigérateur, c'est moins de déchets, plus de simplicité, plus de plaisir à préparer soi-même ses repas. En un mot, réduire la taille de son réfrigérateur, c'est presque changer de vie. Et puis… avec un petit réfrigérateur, il est tellement facile de partir en voyage à l'improviste, aussi longtemps qu'on le veut !

Ces personnes qui vivent volontairement sans réfrigérateur

« *J'achète en plus petite quantité et je mange mes produits dans les vingt-quatre heures, ce qui a fortement limité mon gaspillage alimentaire. Nous avons tellement pris l'habitude de conserver nos aliments au frigo que nous ne faisons même plus attention à ce dont on dispose. On oublie et c'est ainsi que l'on gaspille !* »

Extrait d'interview, Le Journal minimal

De plus en plus de consommateurs remettent leurs façons de consommer et de vivre en question. Il n'est plus rare de rencontrer des personnes qui se sont débarrassées de leur réfrigérateur, ou ont cessé de le laisser branché l'hiver (utilisant leur balcon pour certains aliments). Que faisait-on dans les années 1950-1960, à une époque où le réfrigérateur n'était pas encore présent dans tous les foyers ? On avait des astuces pour conserver ses denrées, et on ne mourait pas de faim. Mais surtout, on stockait moins (sauf à la campagne, quand il fallait prévoir pour plusieurs semaines, voire plusieurs mois, l'hiver). La notion de progrès, qui donne l'impression qu'il faut toujours mieux (mais mieux que quoi ?) n'est pas forcément l'assurance du bonheur. À moins d'habiter loin de tout, on peut acheter sa viande au jour le jour (ou s'en passer, tout simplement), n'avoir qu'un fromage à la fois (il est d'ailleurs bien meilleur à température ambiante) ou bien consommer, comme les Indiens, du beurre clarifié (que l'on peut faire soi-même). Ceux qui se sont débarrassés de leur réfrigérateur disent avoir beaucoup moins à jeter, ne plus cuisiner en excès, et donc ne plus avoir de restes. Ils décorent leur intérieur de plantes aromatiques en pot, mettent leurs fruits dans une jolie corbeille, et veillent à ce que rien ne s'abîme. Ils dépensent ainsi beaucoup moins.

LE COÛT DU FAIT MAISON ET CELUI DE L'ALIMENTATION INDUSTRIELLE

La nourriture industrielle a un coût

« Dissiper de l'argent pour des sucreries
ou des aliments à saveurs sensuelles (chocolats très chers)
ou des articles de luxe afin de flatter son ego,
freiner la dépense sur des aliments à consommer
pour survivre, choisir des articles de mauvaise qualité
quand il s'agit d'objets nécessaires à son travail signifie
confondre les priorités. Car tout bon achat
est un investissement, y compris les aliments de qualité. »

Koike Ryûnosuke, Éloge du peu *(Éditions Philippe Picquier, 2017)*

Vous pensez que cuisiner maison coûte plus cher que le « prêt-à-consommer » ? Comparez le coût du cuisiné maison avec celui d'un caddy de prêt-à-manger et de snacks ; celui de vos cafés latte quotidiens au distributeur automatique du bureau à celui de ceux que vous pourriez préparer dans votre Thermos ; celui des repas pris à l'extérieur qui, on le sait, sont des crève-budget, comparés à ce que vous coûte un sandwich ou un bento préparé le matin, avant de sortir. Même si les aliments naturels (je préfère dire « naturels » plutôt que « bio » car on trouve d'excellents produits artisanaux non traités mais qui n'ont pas le label bio) sont plus chers que les autres, nous savons, au moins, que nous ne consommons pas de produits nocifs, de viandes et œufs truffés d'antibiotiques visant à prévenir les maladies des animaux et évitons ainsi les pertes économiques. Pensez aussi à l'argent que vous ne dépenserez pas plus tard en médicaments et médecins, à la satisfaction physique et gustative de ces bons produits qui, comme ils nous rassasient, nous font manger moins.

Un produit de qualité coûte un tiers de plus qu'un produit industriel, oui mais…

« *J'ai été élevée de façon bio et saine, presque macrobiotique. J'aime le goût des aliments frais, sains, simples. Aller au restaurant est une horreur : trop de sel, trop d'huile, trop de sucre, trop d'artifices destinés à cacher le manque de saveur intrinsèque des produits utilisés : légumes cultivés de façon intensive, viandes "industrielles". Voilà pour moi la vraie fadeur.*

La nature procurerait des goûts vrais, jamais fades. Dès lors qu'ils sont traités, les produits deviennent fades même si leur goût est puissant. S'ils ne sont pas vivants, s'ils ont été transformés, ils manqueront de vitalité, de chaleur humaine, et ils seront considérés comme fades... Un aliment qui ne procure aucune émotion est un aliment fade. »

Ryoko Sekiguchi, Fade *(Argol Éditions, 2016)*

La qualité n'a pas de prix. Il n'y a aucune comparaison entre un fromage industriel et un Holstein artisanal, fait main avec du lait de saison, au printemps, à la période de la lactation. On peut se procurer d'excellents fruits et légumes non traités à prix relativement bas, si ceux-ci sont de saison. Nos grands-mères ne se proclamaient pas « écolo » : elles l'étaient naturellement. Le fait de ne pas gaspiller était, avant même de vouloir réduire son empreinte carbone, une question de morale. On évitait de gaspiller non pas pour une cause, mais parce que gaspiller avait toujours été considéré comme honteux. Si vous voulez faire des économies :

- limitez votre consommation en viande (une ou deux fois par semaine, par exemple), ou, mieux, n'en consommez presque ou plus du tout. Maintes recettes s'adaptent facilement pour devenir végan. Vous pouvez aussi vous offrir un excellent *pecorino* en guise de protéines : cela coûte le même prix qu'un steak, mais c'est tellement plus glamour… ;

- faites vos sauces maison : les sauces industrielles sont non seulement remplies de produits chimiques, sel, sucre et mauvaises huiles, mais elles coûtent cher. D'autant plus cher qu'elles finissent souvent à la poubelle, faute de ne pas avoir été utilisées en entier avant la date de péremption. Ni les grands chefs, ni nos grands-mères ne les ont jamais utilisées. On peut assaisonner son poisson au poivre noir et jus de citron, faire des sauces avec de l'huile d'olive, du vinaigre, de la moutarde, du tahiné (en tube et non en pot, sinon il durcit), de l'ail, de l'échalote, de la crème fraîche, du parmesan râpé… Un petit pot en verre recyclé, bien fermé et vigoureusement émulsionné, vous donnera de délicieuses sauces. Investir dans un petit mixeur est d'ailleurs vite rentabilisé en faisant ses sauces et ses mélanges d'épices soi-même. Moi qui avais cherché partout du sel au citron sans en trouver, j'ai découvert qu'on peut facilement le faire soi-même en moulant du sel et des pelures de citron séchées. La seule exception que je fasse pour les sauces industrielles est la mayonnaise et le ketchup bio (sans sucre). La mayonnaise faite maison met du temps à être préparée et ne se conserve pas. Mais la mayonnaise du commerce, mélangée à d'autres ingrédients, peut servir de base à tellement de sauces différentes et techniques de cuisson et se conserve plus longtemps… ! Mélangée à un peu de lait, elle donne une sauce blanche pour les crudités ; à un peu de ketchup, une sauce corail pour les crevettes ; à des œufs de morue, un délicieux accompagnement aux pommes de terre vapeur ; à du tofu écrasé, un savoureux *dip* pour les bâtonnets de légumes crus ; dans une poêle, elle sert d'assaisonnement et de gras pour faire sauter un steak ou du chou vert. Et si vous n'aimez pas la mayonnaise, mélangez une cuillerée à café de curcuma ou de curry à un peu de crème fraîche. Sous un filet de poisson, c'est l'effet et le régal assurés ;

- faites vos yaourts maison : prélevez une cuillerée à soupe de yaourt de la mer Caspienne (ou achetez un premier ferment en poudre), que vous incorporerez à un demi-litre de lait entier froid. Couvrez, laissez reposer à température ambiante et vingt-quatre heures plus tard, vous aurez votre pot de yaourt. Gardez une cuillerée de ce dernier à incorporer, comme ferment, au yaourt suivant. Une de mes amies fait ainsi le sien depuis vingt ans. Le yaourt de la mer Caspienne est très populaire au Japon. Ce *matsoni* – yaourt mésophile d'origine arménienne, réputé pour contribuer à la longévité, traditionnellement fabriqué à partir de lait de vache, de chèvre, de brebis ou de buffle –, lisse et crémeux, est plein de probiotiques. Il est facile à préparer et sa fabrication ne nécessite pas de yaourtière. Sa « culture » se développe à température ambiante en 24 heures. Au Japon, on le mange sur des gâteaux, dans des sauces salades, avec des fruits ou, tout simplement, du miel ;

- confectionnez votre propre feta ou « cottage cheese » (si délicieux, émietté sur une salade) : faites chauffer un litre de lait et, juste avant ébullition, coupez le feu et ajoutez une cuillère à soupe de vinaigre ; remuez jusqu'à ce que le lait coagule. Laissez-le alors égoutter dans un linge fin (ou un filtre à café), essorez le petit-lait et laissez égoutter ;
- faites germer vos graines pour enrichir vos salades ;
- faites de votre pain durci des croûtons, de la chapelure pour un gratin, du pain perdu… ;
- une fois par semaine, faites un repas de pâtes, sautés, soupes-repas, wrap… avec tous vos restes (l'idéal étant quand même d'éviter les restes qui nécessitent d'avoir à être emballés, rangés à nouveau, et de ne cuisiner que les quantités nécessaires à un seul repas).

Nous avons le droit de dire NON et de revenir au « juste assez »

« La cuisine est une école de vie.
On peut manger pour pas cher. »
Nathalie George

- *Deux oignons.*
- *Une orange.*
- *Un sac de germes de blé.*
- *Du curry en poudre.*
- *Du riz.*
- *Des algues chinoises séchées.*
- *Une bouteille de sauce de soja.*
- *Du pain brun fait maison.*

La vie monastique simple de Japheth M. Ryder
(ses aliments sur une étagère) *(extrait de* Journeys of Simplicity*)*

Dites désormais NON aux pesticides, arômes artificiels, colorants, conservateurs dans votre alimentation. Évitez également les achats sur Amazon qui tuent le commerce de proximité, les marchés des petits cultivateurs, la joie de partager quelques mots avec eux, et fuyez le gâchis des cartons et emballages que nous poubelles réussissent de moins en moins à contenir. Choisir des produits naturels du marché, sentir l'âme d'un fruit ou d'un légume tordu, taché parfois, qui a une personnalité… c'est ne pas oublier que la nourriture en elle-même est déjà quelque chose de merveilleux, avec le soleil, l'eau et les mains qui l'ont produite. Revenons à des styles de repas traditionnellement sobres et sains : le *lagom* des Suédois, le poisson grillé et le bol de riz des Japonais, l'assiette de tomates à la feta des centenaires méditerranéens, la philosophie de vie, en général, de tous ces peuples frugaux et sages qui vivaient selon cette maxime : *Juste assez.*

Troisième partie

PLUS QUE LES RECETTES ET LA PLANIFICATION, DES TECHNIQUES ET DE L'IMPROVISATION

CUISINER SANS RECETTE

Vive la cuisine ludique et improvisée

« Vous, vous faites de la grande et belle cuisine, moi, ce n'est pas mon genre. Je me rends compte que j'ai vraiment un esprit nomade (pouvoir tout mettre dans un petit carton et repartir vivre dans un tout petit appartement vieux). Mon rêve ? Une poêle et une casserole. Mon pot-au-feu ? Deux feuilles de chou, une saucisse, une pomme de terre... Je n'aime pas tellement faire la cuisine. Je me régale d'un repas fait de bon pain, d'un morceau de fromage de brebis, et d'une pêche. Je n'ai que faire des recettes. Ma priorité est de me faire quelque chose de rapide quand j'ai faim, et de ne pas avoir de vaisselle à faire ni de choses à ranger ensuite. »

Une célibataire

La pléthore de recettes à la télévision, sur les sites Internet et dans les livres nous a rendus trop passifs : plus nous regardons ces recettes, plus nous manquons d'idées, d'imagination et d'esprit de créativité. Pourtant, paradoxalement, c'est quand nous avons peu dans notre réfrigérateur que les idées jaillissent. Murakami Haruki disait que son repas préféré était quand il n'avait aucune idée de ce qu'il allait cuisiner au moment où il ouvrait son réfrigérateur. Un reste de céleri, un œuf, du tofu, une tomate ? « C'est cela, la nourriture parfaite, écrivait-il : pas de planification ! » On peut, en effet, faire de quelques denrées un repas simple mais non moins délicieux. Pour bien des personnes, prendre le temps de cuisiner peut paraître laborieux : horaires chargés, recettes compliquées, ingrédients manquants pour accomplir telle ou telle recette… Mais on peut apprendre à cuisiner sans se compliquer la vie, même si l'on ne se croit pas créatif. On peut pratiquer une cuisine spontanée, ludique, écologique, économique et délicieuse sans avoir à passer des heures en cuisine. La cuisine ordinaire, celle de tous les jours, n'a rien à voir avec la « cuisine passion » des plateaux de télévision. L'alternative à la vraie cuisine n'a pas, non plus, à être le prêt-à-manger. Cuisiner un tout petit peu chaque jour, ne serait-ce qu'un plat chaud en hiver ou une salade composée l'été, c'est apprendre à bien vivre. Pas besoin, pour cela, de recettes. Quelques petites techniques de base suffisent. Et, bien sûr, un brin d'imagination.

Le compromis à la cuisine « traditionnelle » ? La mini-cuisine

« Je crois vraiment que faire de la nourriture saine, délicieuse et accessible aux gens de tous les milieux rend le monde meilleur. Ma philosophie de la cuisine est donc qu'avec quelques ingrédients de base et un peu d'inspiration, vous pouvez faire un repas délicieux, même à partir d'un garde-manger presque vide. »

Le chef Marc Matsumoto

Vive la cuisine du prêt-à-manger sans recettes ! Commencez par quelque chose d'extrêmement simple, ne demandant ni temps, ni technique de découpe, du genre petites pommes de terre grillées à la poêle, accompagnées d'une laitue à la sauce bien relevée. Si vous détestez cuisiner, ne cherchez surtout pas à imiter ceux qui cuisinent « bien ». Au contraire, inspirez-vous de ceux qui, comme vous, détestent cuisiner, planifier, anticiper : conscients du besoin de s'alimenter, ils trouvent des manières astucieuses de créer de délicieux repas requérant une préparation minimale. Et puis, il faut bien l'admettre, qui, même parmi celles et ceux qui aiment cuisiner, ne souhaiterait pas se passer certains soirs de jouer les grands chefs ? Un chou-fleur vapeur avec une noix de beurre et une pointe d'ail, des épinards à la crème fraîche relevée d'anchois, des poireaux, encore tièdes, en vinaigrette… tout cela n'est pas, à proprement dit, de la cuisine, mais c'est délicieux et sain.

L'excuse que personne ne leur a jamais appris

« Le plus beau compliment qu'on m'ait fait était de me dire qu'on ne venait pas chez moi pour manger. »

Une amie détestant cuisiner

Dire que personne ne vous a jamais appris n'est pas une excuse. Chacun peut cuisiner, s'il le désire. On peut parfaitement savoir se préparer à manger sans être un cordon-bleu. Au fond, qu'est-ce que cela veut dire, « savoir » cuisiner ? Ce n'est pas tant savoir préparer un bœuf en daube que combiner quelques ingrédients (deux suffisent parfois) se complétant autant diététiquement que gustativement. C'est toujours avoir, dans son réfrigérateur, quelques belles feuilles de salade fraîche, des œufs durs, une tranche de saumon fumé, une boîte de sardines ou… un petit bocal de foie gras. C'est également, ce qui est tout aussi important, savoir contrôler la température de cuisson et l'utilisation de ses ustensiles. Un plat est souvent raté soit parce qu'il est trop cuit (ou même brûlé), soit parce qu'il ne l'est pas assez. C'est avec l'habitude qu'on apprend. Aucun livre de recettes ne peut donner avec précision d'indications sur ce sujet. Tout dépend du type de source de chaleur et d'ustensiles de cuisson que nous utilisons.

La peur de tout rater

« Mon mari, lorsqu'il essaie une nouvelle recette, il la fait et la refait tous les jours jusqu'à ce qu'elle soit parfaite » (rires...).

Yuri, une amie

Peur de rater un plat ? D'être jugé ? Osez cuisiner ! Il y a souvent derrière la cuisine une charge émotionnelle importante. Vous pouvez avoir peur de rater votre plat, d'être jugé, de ne pas faire aussi bien que votre mère ou votre meilleure amie. Ayez une petite provision d'aliments frais et de qualité et apprenez à élaborer des repas simples : personne ne vous demande de passer un CAP cuisine. Tout le monde peut faire des repas simples et basiques. Pensez d'abord aux aliments crus : une belle assiette de fromage et de charcuterie, une salade composée, un plateau de fruits de mer... Avoir peur de rater un plat est une question de psychologie. Dites-vous qu'en cuisine, la notion de plaisir est centrale, et que pour vaincre cette peur, il s'agit d'oublier les recettes, les règles, afin de développer sa créativité. Ajoutez des échalotes à vos haricots verts, parsemez de copeaux de parmesan vos courgettes, relevez le goût de vos carottes avec de la coriandre, celui de vos tomates avec un peu de basilic, mettez de l'ail sur vos aubergines. Sentir les bonnes odeurs de plats que l'on a réalisés soi-même est un véritable plaisir. Et puis… une réussite en entraîne une autre.

90 % des recettes ne sont pas faites pour nous

Cela peut paraître paradoxal, mais la plupart des recettes présentées dans les livres de cuisine, à la télévision, sur les sites internet ou même introduites par nos amis ne sont pas faites pour nous. Non seulement le goût n'est jamais exactement notre préféré, mais la plupart des recettes n'ont pas été pensées pour une personne vivant seule. Elles nécessitent aussi souvent des ingrédients ou des ustensiles que nous n'avons pas à disposition. Elles exigent trop de temps. De plus, il faut l'admettre, lorsqu'on n'aime pas beaucoup cuisiner, suivre des recettes est d'un ennui sans pareil.

Ne confondons pas cuisine du quotidien et gastronomie

« En art, j'aime la simplicité ; de même en cuisine. »
Erik Satie

Beaucoup confondent alimentation et gastronomie. Ces deux domaines peuvent néanmoins se révéler, à certains égards, antinomiques : si manger consiste à se nourrir passablement sans frais ni complexités, bien manger (gastronomiquement) sans réellement se nourrir pourrait être ce que prône la gastronomie. La cuisine, comme bien des domaines, est aujourd'hui très influencée par les médias, que cela soit *via* nos cuisines réalités favorites, les magazines ou les sites internet. Mais on nous en présente souvent une image qui n'est pas celle de tous les jours. Ces plats nécessitent des ingrédients d'exceptions (et chers), du temps, divers ustensiles… Il est pourtant tellement facile de bien manger à peu de frais et sans chichis, stress ni contrainte de perfectionnisme… La cuisine « du placard », si l'on y instille une petite dose d'imagination et de soin, est infiniment supérieure à tout ce qu'un grand restaurant peut offrir. Rien n'égalera jamais le tajine marocain fait maison d'un ami, ou une grande assiette en bois remplie de toasts de bon pain au levain, de houmous et de guacamole, d'une tranche de saumon fumé à savourer devant sa télé en regardant un bon film. Nous pouvons dire NON à la gastronomie et veiller à ne pas être trop influencés par notre époque. Nous n'avons pas à préparer des plats compliqués. Nous pouvons nous faire plaisir à table avec des choses très simples, surtout si l'on manque de temps, que l'on vive seul ou que l'on ait une famille à nourrir. Soyons honnête, les plats simples et familiers, faits maison, sont infiniment supérieurs à toute création gastronomique qui se veut originale, différente. Un plat servi à la bonne franquette n'est pas grossier, un gratin dégoulinant de fromage ou une tarte aux pommes dont les rondelles ne sont pas parfaitement alignées n'en sont pas moins délicieux. Nous pouvons arrêter de nous mettre la pression et sortir de l'orignal, de l'inédit, du magnifiquement beau, de l'admirablement dressé et du « qui prend trois heures à préparer », et nous régaler d'une assiette de charcuterie et d'une bonne petite soupe de légumes.

Il n'y a pas de honte à manger régulièrement les mêmes plats

« Il commence à neiger
Je me sens seule
En prenant mes baguettes »

Takako Hashimoto, poétesse japonaise de haiku active durant l'ère Shōwa

Se sentir obligé de toujours diversifier ses repas, de créer, d'essayer de nouvelles recettes résulte, bien souvent, de la pression sociale. Mais pourquoi céder aux modes, à ce que l'on nous fait passer pour « normal » ? Nous avons le droit d'être traditionnels en cuisine, de ne pas aimer essayer de nouveaux mets, de ne pas nous sentir obligés de toujours dénicher de nouveaux produits, de nouvelles façons de cuisiner. Ne soyez pas complexé ou gêné de préparer plus ou moins les mêmes recettes. C'est ainsi que fonctionnaient les gens autrefois, principalement issus des milieux ruraux, mais aussi par exemple les vieilles familles anglaises traditionnelles, avec leurs rituels par semaine et par saison (le curry du vendredi soir, le roast-beef du dimanche, le pudding à Noël...). Chez les personnes ayant ce mode de vie, une telle routine est non seulement rassurante, reposante, mais elle apporte une autre dimension au temps qui passe : elle ponctue la vie de moments attendus et précieux. Nos grands-mères, elles, ne se posaient pas autant de questions sur la composition de leurs repas : l'hiver, c'était une soupe ; l'été, un melon et une salade de tomates au chèvre ; en automne, de belles poêlées de champignons ; au printemps, des salades de mâche ou de pissenlits, des asperges, des pommes de terre nouvelles... On consommait ce que l'on avait ramassé au jardin ou trouvé sur le marché : des produits de saison.

Ne vous souciez pas de ce que les autres pensent. Laissez-les s'exprimer sur votre manière de faire et continuez, vous, de préparer vos repas comme vous l'entendez : vous en connaissez les bienfaits sur votre stress, votre temps, et disons-le, votre portefeuille. Continuez de faire ce qui vous rend heureux.

Cuisiner sans recette s'apprend

La plupart des personnes ne cuisinant pas ont les mêmes arguments : elles détestent les recettes, surtout quand il faut d'abord sortir faire les courses. Rien que faire le tour des rayons (qu'elles ne connaissent pas, et pour cause !) peut leur prendre 45 minutes. Elles ne trouvent pas ce qu'elles veulent, sont obligées d'aller dans un autre magasin. Et puis, lorsqu'elles rentrent chez elles, elles se rendent compte qu'elles avaient déjà ce produit. Énervement, agacement. Les recettes effraient ceux qui ne cuisinent pas : ils n'osent pas se lancer en cuisine, que ce soit pour suivre une recette ou pour improviser. L'expansion, surtout dans les pays anglo-saxons, de milliers de bandes dessinées et infographies dédiées à la cuisine montre à quel point cuisiner fait peur à ceux qui, devant un livre de recettes, se trouvent comme face au vide. Quant aux autres, ils en ont bien souvent assez de la cuisine perfectionniste et complexe, assez des recettes qui prennent un temps fou parce qu'il faut constamment s'assurer de tout faire correctement, comme ce que l'on suppose que tout le monde fait, avec originalité et variété. Ils en ont assez de recettes qui les font cuisiner en trop grandes quantités et dont, ensuite, ils ne savent que faire des restes. Tout cela sans compter le stress et la frustration en exécutant la recette, le temps, les efforts et l'argent dépensé. Pas étonnant, donc, que ceux qui n'aiment pas cuisiner n'aient pas envie de réitérer l'expérience. Mais cuisiner sans recette est possible. Même si cela semble être un tour de magie, ce n'est pas aussi difficile qu'il y paraît. L'astuce ? Maîtriser quelques petites techniques qui ne requerront ni pesée, ni méthodologie.

CUISINER AVEC DEUX OU TROIS INGRÉDIENTS SEULEMENT

Moins il y a d'ingrédients, plus c'est simple

De nombreuses associations sont traditionnelles, et ce n'est pas pour rien : le goût d'un des aliments complète et rehausse celui de l'autre. Les protéines sont associées aux légumes. Ce sont des mets simples, sains, et que tout le monde aime. Lorsqu'on pense aux plats de nos grands-parents, on peut retrouver une multitude de ces exemples, comme le boudin aux pommes, le canard à l'orange, les endives au jambon, le poulet aux haricots verts, les lentilles aux lardons ou à la saucisse… Salades, poêlées, soupes, petits gratins et plats au four, il existe des centaines de recettes à deux ou trois ingrédients seulement. En voici quelques exemples :

- les lentilles à la saucisse de Morteau ;
- l'omelette aux morilles ;

- les côtelettes de porc aux choux de Bruxelles vapeur ;
- les crêpes de sarrasin au jambon (ou œuf) et fromage ;
- les épinards au chèvre chaud ;
- l'omelette au chou vert et jambon julienne (faire cuire et plier en deux) ;
- le brocoli (précuit à la vapeur) sauté avec des allumettes de bacon ;
- les escalopes à la crème (mélanger le suc à de la crème fraîche) et aux champignons ;
- les œufs au bacon/asperges vapeur ;
- les flocons de saumon grillé émiettés sur une salade verte ;
- les blettes vapeur et croque soja aux lentilles ;
- la ratatouille au piment d'Espelette ;
- les moules aux échalotes et les frites ;
- le trio choucroute/saucisse/pomme de terre vapeur ;
- L'endive au jambon.

Tout ce que l'on peut faire avec une pomme de terre vapeur

On aurait du mal à le croire, mais de nombreuses personnes ne savent pas faire cuire une pomme de terre. Et pourtant, que de petits plats sympathiques elles nous permettent de réaliser… Épluchez vos pommes de terre, lavez-les puis coupez-les pour les passer à la poêle. Ou bien lavez-les bien puis plongez-les dans de l'eau froide avant d'allumer le feu et laissez-les cuire jusqu'à ce que la pointe d'un couteau en pénètre le cœur facilement. Vous pourrez alors les consommer soit encore chaudes, soit froides, plus tard, soit réchauffées (pour les éplucher sans vous brûler, tenez-les dans un chiffon propre après les avoir passées sous l'eau glacée). Pour une cuisson plus rapide, épluchez d'abord la pomme de terre et coupez-la en petits cubes avant de la faire bouillir. Pour une purée express, versez un peu de lait chaud sur les pommes de terre cuites épluchées, et ajoutez un peu de beurre, de sel et du poivre, puis écrasez avec une fourchette tout en laissant la casserole sur le feu.

Servies encore chaudes avec...

- Du beurre frais et du gros sel.
- De la mayonnaise aux œufs de morue.
- Une boule de crème épaisse à l'anchois (écrasé dedans, à la fourchette).
- Du hareng (ou autre poisson) fumé et des échalotes (ou de l'oignon).
- Une asperge vapeur à la vinaigrette et une saucisse : repas complet.

Servies froides, en rondelles ou en dés...

- En salade avec des betteraves rouges.
- En salade avec des œufs durs, de l'oignon et de la mayonnaise.

Réchauffées et...

- Sautées à la poêle, coupées en rondelles, avec des oignons et une pointe d'ail.
- Écrasées avec du lait et une noix de beurre pour une purée.

Etc. Les recettes aux pommes de terre sont infinies.

Quelques desserts simplissimes à deux ou trois ingrédients...

- Poires au vin : les laisser cuire dans du vin rouge. Servir avec de la chantilly.
- Yaourt à la mangue : couper de petits morceaux de mangue séchée dans un yaourt et laisser une nuit au réfrigérateur. Petit déjeuner parfait.
- Gelée au café : mélanger de l'agar-agar en poudre à du café. Réfrigérer. Servir avec de la chantilly ou de crème de noix de coco montée en mousse au mixeur.
- Flan aux œufs : 1 litre de lait, 6 œufs, 200 grammes de sucre. Bain-marie 45 minutes.
- Clafoutis aux pommes : pâte à crêpes épaisse et morceaux de pommes passés à la poêle, à feu doux.
- Bananes flambées au rhum à la poêle.

PLUTÔT QUE DE PLANIFIER, COMPOSEZ

Vive les repas simples

« On cuisine simplement, mais tous les jours. On se fait livrer un petit cageot de légumes frais chaque semaine. En ce moment asperges vertes et blanches. Beaucoup d'asperges. On les cuit à la vapeur et on les assaisonne avec ma petite sauce, accompagnées de jambon cru ou cuit. »

Jean-Michel, un ami

Pas besoin de faire des repas de fête, de cuisiner des lasagnes à la bolognaise ou de faire griller un steak hors de prix tous les jours. Nos grands-mères ne passaient pas des heures au fourneau mais leurs repas étaient frais et de saison ; leurs habitudes alimentaires étaient issues du monde paysan. Elles faisaient un écrasé pommes de terre avec des sardines pêchées par leur mari (elles ne connaissaient pas les langoustines congelées, décongelées, puis recongelées) ou mettaient au four une aubergine coupée en tranches, arrosée d'un peu d'huile d'olive, de sel et de poivre. Que l'on vive seul, en couple ou en famille, quand on rentre du travail et que l'on est fatigué, on n'a besoin que d'une chose : du bon, mais du bon qui ne surprend pas trop, du bon qui réconforte, du bon qui fait plaisir : un gratin passé au four l'hiver, une salade composée l'été, une tarte aux poires odorante l'automne. Qu'importe si ce n'est pas très joli, au moins, c'est bon. Tellement meilleur que l'industriel, le réchauffé au micro-ondes, ou bien même la livraison express.

La simplicité et le goût des bonnes choses

Plus on cuisine, plus on découvre que c'est dans la simplicité des recettes que se trouve le vrai goût des bonnes choses. Même s'il existe des recettes complexes, très élaborées pour les fêtes ou les grandes occasions, on mange, au fond, tous les jours plus ou moins les mêmes choses. Et ce sont justement ces choses-là qui nous apportent du réconfort et nous font oublier notre fatigue. Même s'il est facile d'avoir du bon lorsqu'on achète des produits de luxe comme la truffe, le homard ou le caviar, on peut tout autant se régaler d'une pomme de terre et d'un oignon, grillés à la poêle. C'est le fait de savoir les faire griller qui rendra ces petits tubercules ordinaires si extraordinaires. La simplicité en cuisine, c'est comme la simplicité en général : s'éviter du stress, avoir du temps pour soi. C'est aussi minimaliser la transformation des aliments, manger ses fruits crus, et non en smoothies ou en compote, sauf s'ils commencent à s'abîmer (légumes et fruits crus conservent plus de 70 % de leurs vitamines ; réduits en jus ou en compote, ils n'en gardent que 20 %). Des bâtonnets de légumes pour l'apéritif, trempés dans un houmous onctueux, facile et rapide, sont bien meilleurs qu'un bol de chips !

Une composition de repas minimum

« Chou-fleur cuit à la vapeur en cinq minutes consommé avec une sauce à l'huile d'olive, citron et moutarde, et deux œufs mollets : tout est prêt en cinq minutes. Je n'aime pas la nourriture trop travaillée. »

Yasmina Rossi

Une protéine, un légume, une céréale… composer un repas n'est pas compliqué. Les grands-mères scandinaves se vantent (et elles ont bien raison) d'être les femmes les plus intelligentes au monde : elles cuisinent un minimum tout en nourrissant famille et amis délicieusement. Elles posent sur la table des pommes de terre cuites à l'eau, différents types de pain, de dips, des sticks de légumes, des poissons marinés… et chacun se sert à sa guise, fait ses tartines, ou trempe ses pommes de terre dans un petit bol de beurre fondu à l'ail. Mon ami Emmanuel fait un peu la même chose : il mélange rarement les aliments en cuisson (carottes glacées, pot-au-feu avec légumes cuits à part, salade de laitue, pissenlit, mâche…) et sa cuisine est très simple. Mais ses repas sont toujours une fête.

Planifier ses repas ?

« Cuisiner ? J'ai horreur de cela. Je ne sais jamais quoi faire ni comment. Cela m'ennuie de suivre une recette, d'émincer, d'attendre… »

Élodie, 33 ans

L'un des fardeaux, en cuisine, est de ne pas savoir quoi faire à manger. Certains ne sont pas inspirés et en ont honte. Médias et magazines nous recommandent de cuisiner des menus à l'avance, de planifier pour ne plus être stressé par ses menus de la semaine. Cette méthode peut fonctionner pour certains, mais pour d'autres, c'est encore plus de pression. Je préfère vous l'avouer, je n'ai personnellement jamais été capable de planifier quelque repas que ce soit. Vous pouvez, en revanche, décider par exemple de manger des pommes de terre à la poêle et une salade composée le mardi, des pâtes aux légumes le mercredi, des fajitas le jeudi, du poisson et du riz le vendredi, etc. si cela peut vous simplifier la vie. L'essentiel est de consommer principalement des légumes chaque jour. Beaucoup de légumes. Si vos tentatives de planification de repas se sont toujours terminées par un échec, et si vous préférez la fantaisie à la routine, ayez vos petites idées de « repas types » à vous : une poêlée d'aubergines à la viande hachée, une crêpe de sarrasin au jambon/œuf/fromage/tomates... Vous pouvez cependant préparer certains aliments qui ne perdent pas leurs nutriments lorsqu'ils sont cuits d'avance, comme le riz ou un petit rôti de bœuf que vous mangerez en plusieurs fois (chaud le premier jour, froid en tranches dans un sandwich avec des cornichons ou en lamelles dans une salade composée le lendemain et le surlendemain). En été, vous pouvez faire cuire des légumes au grill (poivrons, champignons, poireaux, tomates...), les plonger dans une marinade (vinaigre et huile d'olive ou de sésame) puis les garder au réfrigérateur. Vous aurez, pendant une petite semaine, de quoi consommer des légumes frais sans avoir à sortir une poêle.

Plutôt que planifier, veiller à toujours avoir de quoi manger varié chez soi

« Tu devrais toujours avoir des oignons à la maison. »

Un mari à sa femme

Quelques oignons, une boîte de thon ou de sardines et des œufs, un demi-choux vert, du fromage, un peu de pain congelé… ces aliments se conservent longtemps et peuvent constituer un repas complet. On peut accommoder un rouleau de jambon blanc avec une boîte de macédoine, une salade de thon avec du choux cru en lamelles, des omelettes « à tout », des pâtes « à tout », un curry « à tout », un riz cantonnais « à tout », une salade « à tout », une soupe « à tout ». Apprendre à cuisiner, ou du moins préparer des repas équilibrés nutritivement et économiques semble difficile, mais rassurez-vous : plus on cuisine, plus les idées viennent naturellement. Ce n'est pas comme attraper son imper et sortir faire des courses pour préparer un dîner, alors qu'on ne cuisine d'ordinaire jamais. De plus, un repas réalisé avec des ingrédients frais et naturels, sans trop de transformations, ne peut jamais être raté.

Faites un inventaire régulier de vos stocks

Placards, réfrigérateur, congélateur… Avant d'aller racheter, vérifiez tout ce que vous avez déjà chez vous. Si vous avez acheté trois boîtes de pois chiches pour des raisons que vous avez oubliées depuis longtemps, demandez-vous comment vous pourriez les combiner à de nouveaux ingrédients. Avec du poisson et des légumes verts ? Dans un duo avec du riz, des choux-fleurs, ou du poulet et des noix de pécan ? En un bol de houmous avec des bâtonnets de légumes crus ? Tout ce que vous avez déjà chez vous peut vous donner des idées de repas. De plus, il est important, si vous voulez cuisiner quotidiennement, de toujours savoir ce qu'il y a à manger chez vous, afin de ne jamais vous retrouver avec une assiette vide un dimanche soir.

La cuisine du placard, c'est aussi cuisiner malin et savoir recycler ses restes

Évitez le gaspillage et recyclez vos restes. Un rapide inventaire de ce que vous avez en réserve et un peu d'imagination vous permettront de donner à vos rôtis, gigots ou mijotés qui ont fait votre régal à votre dernier repas un second souffle original et savoureux. N'hésitez pas à préparer des gratins, tartes, boulettes, salades ou tout autre plat selon vos restes et ce que vous offrent vos placards. Accommoder les restes vous permettra d'imaginer des recettes inédites tout en faisant des économies. Abusez des épices : curry, cumin, cannelle, gingembre, muscade, paprika… seront de précieux alliés pour apporter du goût et de l'originalité à ce second service. En panne d'idées ? En voici de très simples, à personnaliser à l'infini !

- La tartine : une tranche de pain (même rassis) agrémentée de fromage, de légumes cuits ou de poisson… aussi bonne froide que chaude !
- Le gratin : préparé avec des légumes, féculents, viande ou poisson, puis saupoudré de chapelure et de fromage râpé pour une texture croustillante.
- Le hachis : un reste de viande recouvert d'une purée de pommes de terre ou de légumes passé au four.
- L'omelette : nature, au fromage, aux champignons…
- Les pâtes chaudes : sautées avec des légumes cuits, crus, un reste de jambon, de poulet…
- Les pâtes ou le riz en salade composée : une salade de légumes – et jambon, œuf dur, surimi… – mélangée à des pâtes ou du riz encore chauds.

Évitez les préparations de « longue durée »

Il est à la mode, ces dernières années, de faire du « tout maison ». Mais attention : lorsque l'on vit seul, il est bien difficile d'écouler un bocal de citron confit au sel, d'oignons macérés au vinaigre, ou d'un kilo de pickles faits maison. Ma décision fut de ne plus tenter de telles préparations lorsqu'une de mes amies m'a dit qu'elle avait banni ce type d'aliments de sa consommation. Quelle libération ! La seule « préservation » que je fais régulièrement est celle de l'ail : je passe au mixeur une dizaine de têtes d'ail dont j'ai épluché les gousses avec un peu d'huile d'olive, et j'obtiens une crème onctueuse qui se solidifie un peu au réfrigérateur. Elle se conserve, dit-on, un an, mais une telle réserve de quelques mois seulement me suffit.

QUELQUES TECHNIQUES DE BASE

Les techniques facilitent la vie

« Cuisse de pintade fermière et ail confit avec brocolis à l'anglaise et sauce vierge. Et un verre de pomerol. La pintade est la viande la plus protidique et la moins grasse qu'on puisse trouver au niveau des protéines et elle contient plein de minéraux. Excellente viande. On la fait dorer avec un peu de moutarde au citron, de l'ail, du laurier en dessous, et pas d'huile, pas de gras, rien du tout. Elle est croustillante, la peau se mange comme une petite frite et l'intérieur est fondant, ça se mange à la petite cuillère. Et des brocolis à l'anglaise : mis dans mon faitout en inox avec un fond d'eau pour faire un peu d'humidité, et puis on ferme après avoir mis un peu de sel, de poivre, tout ce que l'on veut, et on laisse cuire à feu fort au début puis baissé, pendant 20, 25 minutes à feu très doux. On peut réserver le bouillon (le boire) et les légumes sont croquants, fondants. Enfin la sauce vierge : un demi-jus de citron, une bonne huile d'olive, sel et poivres, herbes... et des baies de poivre rose frottées dans la main qui colorent immédiatement et enchantent les plats (de plus, les plantes aromatiques favorisent la bonne santé des intestins !). On nappe alors les brocolis

de cette sauce. C'est donc un plat absolument peu gras et dont l'huile exacerbe les saveurs. Il ne faut jamais cuire un plat avec de l'huile d'olive. Il faut la mettre à la fin. Jamais pendant la cuisson. Cela ne sert à rien. Si on veut obtenir une viande croustillante à la cuisson, surtout ne pas mettre d'huile au four, ce qui serait une ineptie. »

Jean-Michel, un ami

Les techniques facilitent la vie. Elles permettent d'agir sans réfléchir et sans se casser la tête tout en ayant une maîtrise du geste. En sachant faire cuire des pommes de terre ou du riz correctement, on peut déjà préparer beaucoup de choses en cuisine. Temps de cuisson des pâtes et des œufs, volume d'eau pour la cuisson des céréales, afficher quelques techniques de cuisson sur son réfrigérateur facilite le quotidien. Sans techniques, on peut vite se lasser de cuisiner et on reviendra à la solution la plus commode mais la moins heureuse : le prêt-à-manger. Avec des techniques, au contraire, cuisiner devient un plaisir et un jeu d'enfant. Quand on a compris les fondamentaux de la façon dont un plat se prépare, il n'y a plus besoin de recettes.

La cuisson à l'anglaise

La cuisine à l'anglaise, c'est tout simplement la cuisine à l'eau. Choux, épinards, brocolis, asperges, haricots verts, tranches de potimarron, choux de

Bruxelles… coupez-les puis lavez-les à l'eau froide (ils se lavent mieux qu'en faisant l'inverse !), puis plongez-les dans de l'eau bouillante jusqu'à ce qu'ils soient tendres (ou croquants, selon votre convenance). Quand le légume est cuit, passez-le rapidement à l'eau fraîche pour en arrêter la cuisson. Ou bien servez-le tel quel, encore chaud, avec une vinaigrette relevée. J'aime beaucoup préparer ainsi les asperges, servies avec un œuf poché (pour préparer celui-ci, faire bouillir de l'eau salée à laquelle on a ajouté quelques gouttes de vinaigre et la faire tourbillonner tout en versant l'œuf et en en rassemblant le blanc à l'aide d'une cuillère à soupe. Laissez cuire 1 à 1 ½ minute). Rafraîchir vos légumes après la cuisson vous permettra de les cuire à l'avance, de les réserver et de les réchauffer à nouveau à l'eau bouillante au moment de servir. Vous pouvez aussi blanchir les légumes verts dès que vous les achetez, pour les conserver plus longtemps.

La cuisson à la vapeur dans une casserole

Trois centimètres d'eau dans une casserole à couvercle hermétique, une marguerite ou un panier… et vous pouvez faire cuire légumes, poissons et viandes blanches (attention à ne pas saler les aliments avant cuisson, cela favorise une perte d'eau pendant celle-ci). Vous pouvez utiliser du papier sulfurisé (bio) ou une grande feuille entière de choux, ou des rondelles de citron entre le poisson et la marguerite pour un meilleur goût. Rien de plus délicieux et de plus simple qu'un assortiment de légumes et poisson vapeur, avec une sauce maison.

La cuisson à l'étouffée après avoir fait griller l'aliment

Chou-fleur, haricots verts, brocolis, carottes en rondelles, poivrons, oignons, fenouil, courgettes (veiller à ce que les plus durs – carottes, pommes de terre… – soient coupés fin afin de cuire rapidement), viandes, tofu, fruits de mer… on peut faire cuire tout cela avec cette technique, peu pratiquée en France et pourtant excellente et ultrarapide. Cela consiste à d'abord faire griller les ingrédients à l'huile, jusqu'à ce qu'ils prennent un peu de couleur, en remuant de temps en temps (environ 5 minutes), puis arroser de deux cuillerées à soupe d'eau (de bouillon, de vin, de jus de fruit, de bière pour certains !) pour environ 500 grammes de légumes et couvrir immédiatement pour ne pas laisser s'échapper la vapeur. Ils seront cuits rapidement et n'auront pas perdu leurs précieux nutriments (comme ils l'auraient fait dans un cuit-vapeur dont la vapeur emporte les nutriments). Ils sont bien meilleurs qu'avec une simple cuisson vapeur. S'il reste encore du liquide alors que les aliments sont tendres, retirer le couvercle et continuer de cuire à feu doux jusqu'à évaporation complète. S'ils ne sont pas assez cuits, rajouter une cuillère de liquide, couvrir à nouveau et laisser cuire encore quelques minutes. En Inde, cette méthode est très courante : on ajoute à l'huile de cuisson des épices (turmélic, coriandre, piment, cumin en pâte ou en poudre…). En Chine, on fait frire des échalotes, du piment et de l'ail à feu doux, avant d'ajouter les légumes.

La cuisson des légumes secs (légumineuses et céréales)

Les légumes secs sont une des meilleures sources de protéines qui soit. Ils se consomment aussi bien en salades, soupes, purées, galettes, boulettes, samoussas, houmous ou hamburgers végétariens (la lentille corail remplace alors le steak haché) qu'en accompagnement d'autres protéines (viande, charcuterie, poisson frais et poisson fumé). Mais ils sont de moins en moins consommés de nos jours (4 fois moins que la viande !). La lentille, par exemple, est pourtant extrêmement riche en protéines, minéraux, fibres. Elle est de faible indice glycémique. Sans gluten. Les pharaons s'en délectaient. Les Babyloniens la faisaient pousser dans leurs jardins suspendus. La Bible la cite. Et elle est beaucoup moins compliquée à cuire qu'on le pense. La seule petite « préparation » nécessaire à la cuisson des légumineuses est de les laisser tremper (sauf la lentille, qui peut être cuite immédiatement) une demi-journée dans de l'eau froide (riz complet, pois chiches, quinoa, haricots secs, orge, haricots secs, fèves), pour supprimer les lectines, ces substances de protéines indigestes que la plante dégage pour se prémunir des insectes prédateurs. Certaines, comme le millet ou le quinoa, forment une mousse et l'eau de trempage devient jaune et opaque. Le lendemain, rincer dans une passoire puis mettre la céréale dans trois fois son volume d'eau et attendre, après que l'eau a bouilli, de 60 à 90 minutes, jusqu'à ce qu'elle soit cuite. Les lentilles blondes cuisent en 45 minutes, les lentilles corail, comme le riz basmati, le quinoa, le taboulé… en 15 minutes. Agrémentées de quelques légumes, épices et herbes fines, ces céréales peuvent constituer la base de plats complets, savoureux et sains. On peut parfumer leur eau de cuisson d'un bouquet garni ou de saveurs plus originales. Pour certains riz, cependant, la cuisson dépend de la variété. Lisez les indications sur les paquets.

La cuisson dans une cocotte (en fonte ou en inox épais)

L'utilisation d'une cocotte en fonte n'est pas toujours évidente. Au début du moins, évitez d'y préparer les pâtes ou le riz : ces derniers sont tellement plus rapides et faciles à faire cuire dans une casserole ! Choisissez plutôt d'y faire mijoter des plats en sauce (avec des légumineuses, de la viande). Sachez cependant qu'une cocotte en inox est tout aussi performante quant à la saveur et la tendreté des mets qui y sont cuits. L'astuce est d'utiliser une cocotte en inox de qualité et de faire cuire à feu doux. Même les coupes de viande les plus économiques (rôti d'épaule de porc, palette) donneront des résultats savoureux. Faites griller avec un peu de matière grasse la viande à feu vif sur tous les côtés puis ajoutez un peu d'eau, de vin ou de bouillon… et un ou deux légumes qui donnent de l'eau (choux, tomates, oignons), et facultativement quelques lardons qui parfumeront le tout délicieusement, du sel et du poivre ; baissez au maximum le feu et laissez mijoter de 20 minutes à une heure, selon la quantité de viande. Vous pouvez aussi tout simplement mettre de la viande et un oignon effilé, avec un peu de sel : les sucs et la caramélisation de l'oignon suffiront à lui donner du goût. Baissez le feu et évitez de soulever le couvercle pendant la cuisson : la chaleur s'échappant, il vous faudrait beaucoup de temps pour que la cuisson retrouve la même température. Sachez aussi qu'il n'est pas nécessaire de remuer : grâce à la cuisson lente et aux parois chaudes, il n'y a pas vraiment de risques que cela colle. Vous pourrez tout brasser une fois que la cuisson sera terminée. Cette méthode nécessite un certain temps de cuisson, mais la préparation, en elle-même, ne demande que quelques minutes.

La cuisson en friture

Ce mode de cuisson rehausse le goût des aliments à leur maximum. Il consiste à plonger des légumes, de la viande ou du poisson (coupés en morceaux et, si besoin, roulés dans un peu de farine), dans un bain d'huile chaude (utiliser de l'huile de salade, une huile d'olive de qualité moyenne, de l'huile de sésame ou un mélange huile de salade, huile de sésame). Plus votre contenant sera étroit, moins vous aurez besoin d'huile. Il suffit que celle-ci recouvre l'aliment. Trois centimètres peuvent suffire. Mais veillez à ce que ce contenant soit assez profond (une casserole ou une sauteuse) et surtout, pour ne pas que l'huile rejaillisse et vous brûle, à bien sécher chaque aliment au Sopalin ou dans un linge propre avant de le plonger dans l'huile. Une fois frits, égouttez ces aliments sur une grille (ou sur du Sopalin).

Les galettes

« L'art de vie, c'est juste créer votre propre univers.
Aliments, légumes, fleurs, cuisine...
tout peut être création. »

Mimi Thorrison, bloggeuse culinaire franco-chinoise

Chapatis, blinis, galettes azymes, tortillas, galettes de mil, bricks, pancakes, crêpes... les galettes sont les ancêtres de notre pain. Simples et frugales, saines, équilibrées et nutritives, elles peuvent constituer la base de notre alimentation et nous permettre agréablement de ne plus consommer toute cette nourriture de plus en plus sophistiquée, trafiquée et dénaturée, génératrice de maladies dites « de civilisation », sous laquelle croulent nos pays industrialisés et suralimentés. Agrémentées de fromage, de légumes en petits morceaux, d'épices, de graines, elles constituent à elles seules un plat complet dont la confection est rapide et facile, et le prix de revient, peu élevé (les principaux composants en étant la farine, les céréales, les œufs – facultatif –, le lait et l'eau). Il est seulement nécessaire d'ajouter à la pâte crudités ou légumes verts déjà cuits. Une ou deux de ces galettes sont parfaites pour être emportées au bureau.

La galette minute aux légumes

- 1 verre de lait (vache, soja...).
- 1 verre de farine bise ou complète.

- 1 verre de légumes râpés ou hachés (poireaux, carottes, oignons, courgettes, persil…).
- 1 œuf.
- Un peu de sel.

Verser dans une poêle huilée et chaude. Cuire de chaque côté à feu vif.

La galette aux flocons d'avoine

- Une tasse de flocons d'avoine (ou de sarrasin).
- Un œuf.
- Herbes fraîches ou séchées, 2 cuillères à soupe de fromage, noix de muscade, petits morceaux de carottes râpées, échalote, lait ou bouillon, 1 cuillère à café de farine.

Laisser gonfler une nuit. Former de petites boulettes et les aplatir. Griller à la poêle.

La galette la plus simple du monde

Un volume de yaourt pour deux de farine et un peu de sel.

Laisser reposer 30 minutes puis faire dorer à la poêle sur les deux côtés

Le suc des viandes pour faire une sauce

Cette sauce (appelée roux) semble compliquée, mais c'est juste de la graisse chaude et de la farine cuites ensemble (avec pour règle simplissime la proportion d'une cuillère de gras – beurre, graisse de cuisson… – pour une cuillère de farine). On peut la faire de façon simple et rapide : saupoudrez les sucs de votre viande (que vous aurez réservée sur une assiette), d'une cuillère à soupe de farine et ajoutez progressivement n'importe quelle sorte de liquide (bouillon de légumes, vin, vinaigre, jus de tomates ou d'orange…). Vous obtiendrez votre sauce. Vous pouvez aussi tout simplement déglacer les sucs d'une viande avec un peu de vinaigre ou de crème fraîche.

Voici également une sauce facile et excellente pour la viande grillée : un peu de crème épaisse mélangée à de la moutarde et aux sucs pour une côtelette de veau, ou à du roquefort pour un petit steak. Quelques légumes vapeur sur le bord de votre assiette, et votre plat principal est prêt. Un repas français de tous les jours peut vraiment se faire de façon simple et rapide : une assiette, un verre, des couverts, une protéine à la poêle et une salade à la vinaigrette, un morceau de fromage et un morceau de pain. Si peu de vaisselle à laver, pas de céréales ni de riz à faire cuire…

Quelques recettes impossibles sans mixeur, mais si délicieuses...

Ne pas avoir de mixeur, c'est se priver de bien des délices ne nécessitant pas, bien souvent, plus de deux ingrédients. Un mixeur peut nous changer la vie en cuisine. Voici quelques idées de recettes au mixeur avec très peu d'ingrédients.

- Sauce pesto (pour pâtes, dips, salades...) : parmesan râpé, feuilles de basilic, huile d'olive. Mixer. Ajouter pignons, jus de citron et ail. Mixer à nouveau.
- Guacamole : passer au mixeur avocat, oignon coupé fin, jus de citron, ail, coriandre, poivre et sel.
- Houmous : passer au mixeur pois chiches (cuits ou en conserve), jus de citron, tahiné, ail et sel.
- Dip méditerranéen : fromage à pâte molle, olives, ail pressé, yaourt, sel et poivre.
- Riz de chou-fleur : passer le riz au mixeur avec un petit peu d'eau, égoutter l'eau et faire frire à la poêle avec huile, oignon émincé et ail. Servir avec persil et parmesan.
- Glace express : 1 tasse de lait, 1 tasse de crème fraîche, 2 bananes mûres. Mixer et laisser deux heures au congélateur.
- Smoothie sucré : fraises et lait de soja.
- Smoothie glacé : une banane préalablement congelée (sans sa peau), et un verre de lait.

- Smoothie salé/sucré : épinards et kiwi (avec leur peau).
- Mayo au roquefort.
- Soupe de courgettes et poireaux (pour 1 personne, détailler ½ courgette et 2/3 de poireau. Les faire revenir à l'huile, ajouter ail, eau, sel et poivre et laisser cuire 15 minutes. Passer au mixeur).

SOUPES ET SALADES

Les soupes,
et des recettes à l'infini

« Nuit après nuit
Ma soupe d'hiver
Accompagne la neige »

Issa Kobayashi

Celles-ci peuvent être tellement variées, complètes, de saison, chaudes, froides et même tièdes qu'elles pourraient presque constituer l'essentiel de notre alimentation. Autrefois, chaque dîner commençait par une soupe, un potage (ce qui a été cuit dans un pot). Commencer ainsi permet d'arriver plus rapidement à satiété. Froides en été, chaudes en hiver, les soupes se déclinent pour tous les goûts avec des produits de saison. On trouve d'ailleurs de plus en plus de bars à soupe dans les grandes villes (la soupe deviendrait-elle tendance ?).

La base de toutes les soupes est pratiquement toujours la même : quelques légumes coupés en morceau que l'on a fait revenir dans de l'huile d'olive puis sur lesquels on verse de l'eau. Porter lentement à frémissement jusqu'à ce que les légumes soient tendres, puis réduire (ou pas) au mixeur. Pour plus de texture, ajouter des haricots, des pois chiches, une cuillerée de crème fraîche… Si vous n'aimez pas trop les légumes mélangés, vous pouvez aussi faire de délicieuses soupes avec deux légumes de la même couleur (courgette/poireau, carotte/tomate…), ou même un seul légume avec du lait (brocolis, petits pois…). Vous pouvez aussi ajouter du turmélic, du thym et des herbes fraîches (mais à la fin afin qu'elles ne cuisent pas), de la crème fraîche, du fromage… pour varier les goûts. Si vous voulez une cuisson rapide, coupez finement les morceaux, ou encore mieux, râpez-les avant de les faire cuire. Vous n'aurez pas besoin de les passer au mixeur ensuite. Pour une soupe-repas, pensez aux céréales accompagnées de légumes. Une de mes préférées est la soupe complète de lentilles : mettre dans les lentilles un peu plus d'eau que pour une cuisson ordinaire, puis, en cours de cuisson, ajouter toutes sortes de petits légumes, de la saucisse, du jambon… le tout coupé en dés et préalablement sauté à la poêle. Une pointe de crème fraîche et un filet de citron en feront un plat de roi. De plus, cette soupe est très diététique : riche en fer et pauvre en calories.

Les salades

Si quelques feuilles de laitue sont parfaites pour accompagner un plat riche, les salades composées, elles, constituent de véritables repas complets. Voici quelques « astuces » pour les réussir :

- premièrement, bien faire tremper les légumes dans de l'eau fraîche, puis bien les sécher. On peut mettre à peu près n'importe quel légume coupé très fin pour un bon mélange ;
- deuxièmement, couper aux ciseaux ou déchiqueter à la main autant que possible (laitue, tofu, branches de céleri…) : le goût n'en sera que meilleur car la sauce s'imprégnera mieux que sur des découpes nettes, faites au couteau. Varier les découpes donne des goûts différents. Un concombre n'a pas le même goût selon qu'il est coupé en dés, en rondelles, en lamelles ou en bâtonnets. En revanche, ne coupez pas les tomates cerises dans une salade, afin de ne pas en diluer la sauce ;
- pour retirer d'un geste le cœur d'une laitue (partie la plus dure et que l'on ne consomme pas), frapper vigoureusement celui-ci d'un coup sec vers l'intérieur et le « dévisser » : il se détachera facilement ;
- pour une bonne vinaigrette, respecter impérativement l'ordre suivant : d'abord, enrober les

feuilles d'huile d'olive, puis ajouter le sel, et enfin le vinaigre balsamique pour adoucir le goût ;

- choisir la laitue la plus légère possible (gage de fraîcheur). Une façon originale de présenter la laitue est de la couper à l'horizontale en une grosse tranche à déposer sur l'assiette, puis de la garnir (saumon fumé, œufs durs, anchois, tranches d'oignon, rondelles de citron…) ;
- pour plus de satiété et de satisfaction, toujours apporter plusieurs goûts et textures à ses salades : des fruits à coque ou n'importe quel cracker à émietter sur le dessus pour le croustillant (pain Wasa écrasé à la main, chips…), un fromage mou ou de l'avocat écrasé pour le moelleux, quelques légumes verts pour le croquant (petits dés de branche de céleri cru, de pomme, de concombre…), des fruits frais (figues, fraises…), des fruits secs (mangue, raisins secs…), et, pour le consistant, une petite dose de haricots secs (pois chiches, cocos de Paimpol, haricots pinto ou mungo, petits pois aux yeux noirs, lentilles – en congeler pour toujours en avoir sous la main), du gros sel ou des graines de sésame qui craquent sous la dent… ;
- astuce pour toujours avoir de quoi agrémenter quelques feuilles de laitue : un pot en verre de récupération, avec une sauce vinaigrette dans laquelle ont macéré des légumes durs et/ou fruits secs tels que de l'oignon, le poivron en rondelles,

le chou-fleur cru, les carottes râpées, les raisins secs… Cette sauce se conserve plusieurs jours ;
- la vinaigrette aux miettes de thon : mélanger directement le thon à la sauce préparée pour une salade. Il sera alors parfaitement combiné aux autres ingrédients ;
- envie d'une vinaigrette verte ? De l'avocat écrasé dans une sauce à base d'huile, de moutarde et de citron (ou de vinaigre).

Les meilleures salades sont celles où il y a un maximum d'ingrédients, du chaud et du froid (bacon chaud, feta glacée…) et beaucoup de couleurs (mon amie Cath compose tous ses repas en utilisant plusieurs couleurs). N'hésitez pas non plus à ajouter toutes sortes d'épices et/ou condiments à la sauce (paprika, curry, câpres, miso…) ainsi que des fruits secs et à coque (toujours en avoir un bocal en réserve chez soi).

Salades à peu d'ingrédients

- Les pissenlits aux lardons.
- Les betteraves rouges aux œufs durs.
- La salade et son toast au chèvre chaud.
- Les salades d'été à la tomate et mozzarella.
- Les pommes de terre au hareng/échalotes.
- Le pâté aux cornichons sur un lit de laitue ciselée.
- Les asperges de printemps au saumon fumé.

- Salade de feta, concombre, tomate, saumon fumé.
- Salade de crevettes, tranches de pamplemousse et sauce à l'avocat.
- Salade de choux chinois émincé et pommes.
- Salade au bœuf : sur lit de laitue, steak coupé en diagonales, mayo et ketchup sur le pourtour de l'assiette.
- Coleslaw : carottes, oignon et chou vert coupés en julienne, ébouillantés, pressés pour éliminer le liquide, et mélangés à un peu de mayonnaise.

UNE POÊLE, UN PLAT COMPLET

Le repas complet dans une sauteuse pour un minimum de vaisselle à laver

Spaghettis, curry aux nouilles de riz… ? Pour un plat complet aux pâtes, faites cuire des pâtes, puis réservez-les dans l'égouttoir. Graissez la sauteuse, faites revenir bacon, viande hachée, légumes… puis rajoutez les pâtes à la garniture.

Pour un curry, la base est pratiquement toujours la même : pelez et émincez un oignon, ajoutez accessoirement un peu de viande, faites dorer dans un peu d'huile avec une pincée de sel et une cuillère à café de curry en poudre, puis ajoutez les légumes de votre choix, du tofu, des fruits de mer… Couvrez jusqu'à 1 centimètre au-dessus des ingrédients avec un peu d'eau et un berlingot de crème de coco ; mettez le couvercle et laissez mijoter 15 minutes. Pour gagner du temps, choisissez des ingrédients rapides à cuire : du poulet coupé en petits morceaux, des crevettes (si elles sont congelées, les plonger pendant une heure dans de l'eau salée, elles retrouveront leur goût), des légumes feuillus (prenant moins de temps que les légumes à racines). Vous pouvez également y incorporer des lentilles, des haricots… et servir avec du pain pita par exemple.

Avec une grande poêle, vous pouvez faire cuire différents ingrédients les uns à côté des autres, à condition, bien sûr, de commencer par ceux qui demandent le plus de temps de cuisson.

Une mini-pizza express à la poêle ? Écrasez dans une poêle huilée et chaude du vieux riz mélangé à une cuillère à café de maïzena, sur lequel vous disposerez quelques rondelles de poivron, des tranches de tomate, du thon en boîte… bref, ce que vous aimez puis du fromage râpé à pizza ou de la mozzarella. Couvrez et laissez cuire 10 minutes.

SI VOUS TENEZ QUAND MÊME À AVOIR QUELQUES RECETTES…

Privilégiez les recettes simples, à peu d'ingrédients

« J'étais en quatrième quand j'ai décidé, un beau matin de me débrouiller toute seule pour faire des repas corrects. Je suis allée au Kinokuniya de Shinjuku où j'ai acheté le livre de cuisine qui me paraissait le plus beau, et je l'ai lu d'un bout à l'autre jusqu'à ce que je le possède à fond. Je savais tout : comment choisir une planche à découper, aiguiser un couteau, lever les filets de poisson, râper la bonite séchée, tout. »

Murakami Haruki, La Ballade de l'impossible

Donnez à vos recettes la version la plus simple, la plus basique, c'est-à-dire celle avec le moins d'ingrédients possible. Vous saurez alors mieux ce que vous faites. Vous vous fierez plus à votre intuition (couleur qui change, odeur, consistance…). Vous n'agirez plus en autopilote. Il est plus facile de savoir comment vont se marier trois ingrédients que dix. Cela vous permettra également de passer moins de temps en cuisine.

Les recettes sur un ticket de métro

« Inutile de respecter les recettes au gramme ou au millilitre. Ne penser aux quantités qu'en mesures approximatives que l'on peut ajuster à son goût. Une liberté qui devrait s'appliquer à tout type de cuisine, partout au monde. »

Yoko Arimoto, chef japonaise

Si vous cuisinez la plupart du temps pour vous seul, notez vos recettes avec les ingrédients pour UNE personne (il est plus facile de multiplier que de diviser). Si vous avez des recettes variées pour un seul plat, ne gardez que la plus simple (ou celle que vous avez déjà faite et réussie). Qui a besoin de plus que sa recette préférée d'apple pie (la mienne se prépare avec une pâte crumble écrasée à la main à même le moule) ?

Idem pour un bœuf bourguignon. L'un des meilleurs bœufs bourguignons que j'aie mangés était celui de mon amie Sanae, revisité à sa façon : 1 kilo de gros morceaux enfarinés puis revenus dans un peu d'huile, dans une grosse casserole, avant d'être recouverts de 80 centilitres de vin rouge et d'un peu d'eau, puis garnis d'une feuille de laurier, le tout cuit pendant deux heures sans avoir mariné la veille. Puis ajout d'os à moelle et de carottes en tranches. Une heure de plus à mijoter et un peu de sel en fin de cuisson. Certes, cette recette a mijoté trois heures, mais les préparatifs, eux, étaient très rapides.

On peut simplifier de la même façon la recette d'un coq au vin, d'un ragoût aux noix de cajou ou d'une blanquette de veau. Apprenez à synthétiser. Ayez une douzaine de recettes et improvisez autour de celles-ci. Tout comme nos grands-mères (ou les Mexicains qui ne mesurent rien du tout en cuisine, dit-on), allez-y au feeling. On constate d'ailleurs que la cuisine des pauvres est bien souvent exquise. Une cuisine dans laquelle l'ingéniosité supplée la richesse des ingrédients, le manque de moyens techniques modernes ultrasophistiqués et onéreux (un four à vapeur par exemple) pour des solutions gustatives intelligentes. Le secret ? Des associations savoureuses d'ingrédients simples et facilement accessibles.

L'art de noter ses recettes simplement

« Je ne veux pas de recettes de plus de 100 mots. »

Rié, ma belle-soeur

Notez avec précision mais simplement si vous n'êtes pas sûr de vous (par exemple « 2 cm de mayo en tube », 1 T – une cuillère à soupe –, 1 t – une cuillère à café, etc.). Mais essayez de ne penser aux quantités qu'en mesures approximatives que vous ajusterez à votre goût (une liberté qui devrait s'appliquer à tout type de cuisine). Trouvez votre propre méthode d'annotation.

Faites preuve de flexibilité

Vous revenez tout juste de l'épicerie et vous apercevez qu'il vous manque un ingrédient pour une recette ? Si vous voulez suivre une recette, souvenez-vous de cette règle d'or pour les amoureux de la simplicité : ne changez pas ses ingrédients principaux, mais ne vous inquiétez pas s'il manque telle épice ou tel légume. Créativité et flexibilité, voilà deux alliées indispensables non seulement dans la vie... mais en cuisine ! N'ayez pas peur d'adapter les recettes à ce que vous avez déjà, ou à ce que vous préférez.

Vous pouvez remplacer :

- la viande hachée par... de la protéine végétale (tofu émietté ou lentilles – en conserve ou pas...) dans une sauce à spaghettis ou dans un chili con carne. Vous pouvez faire vos galettes de burger en remplaçant la viande hachée par une option végétarienne (champignons, tofu...) ;
- un grain par... un autre grain ! Riz, couscous, quinoa, orge, boulgour, perle de maïs... tout est

interchangeable. Cela vous permettra également de réinterpréter une recette ;

- l'oignon par… du poireau ou de l'échalote française et vice versa. L'oignon vert et la ciboulette peuvent aussi remplacer l'oignon blanc dans vos vinaigrettes ou en garniture de vos salades, soupes et sautés ;
- le hareng fumé par du saumon, de la truite ou des œufs de poisson fumés… ;
- le jus de citron par du vinaigre, n'importe lequel. Cette substitution fonctionne particulièrement bien dans les vinaigrettes ;
- les légumes d'une soupe ou d'un sauté… par n'importe quel autre légume ;
- les pommes de terre pour épaissir un potage par… du riz, du chou-fleur ou des haricots blancs. Ces trois aliments affectent très peu le goût et la couleur de votre soupe, et donnent la même texture onctueuse ;
- une herbe fraîche par… une autre herbe que vous aimez. Si vous n'en avez pas, des oignons verts ou de la laitue tranchée très finement peuvent remplacer les herbes fraîches en garniture. Et puis, si vous n'avez rien de tout cela, la plupart du temps, vous pouvez simplement les omettre !
- le vermicelle de riz par… n'importe quel autre type de nouilles. Que ce soit des nouilles udon ou des nouilles de blé orientales, elles feront

aussi bien l'affaire. Pour vos sautés et salades, vous pouvez aussi remplacer les nouilles par du riz blanc ou brun, du riz au jasmin ou basmati, bref celui que vous avez !

- l'huile d'olive pour la cuisson par… une autre huile végétale ou du beurre, selon la recette ;
- dans une vinaigrette, vous pouvez carrément remplacer l'huile par du yaourt. Pour cuire une viande ou des légumes, le beurre fait très bien l'affaire ;
- de la crème par… du yaourt grec nature que vous ajoutez à la fin de la cuisson de vos sauces crémeuses pour la viande ;
- pour les pâtes, les gratins… préparez une petite béchamel rapide en mélangeant deux cuillères à soupe de farine dans une tasse de lait froid. Portez ensuite à ébullition dans une petite casserole préalablement beurrée généreusement, en fouettant continuellement.

Mon carnet de techniques/ recettes/idées/astuces

« Je n'ai jamais vraiment suivi les recettes des livres
qui m'ennuient ; je m'inspire vaguement
mais surtout de la cuisine de ma mère, de ma grand-mère,
de mes amis quand je vais chez eux.
Je préfère le mouliner et le refaire à ma façon. »

Christophe, un ami

La plupart d'entre nous cuisinent rarement les recettes magnifiquement illustrées des livres. Si une ou deux vous tentent, recopiez-les dans votre carnet et allez porter vos livres de cuisine dans une boîte à livres. Choisissez les bonnes recettes pour cuisiner, c'est-à-dire celles qui expliquent le pourquoi des choses (par exemple l'importance de mettre des épinards chauds directement dans de l'eau glacée après cuisson pour préserver leur chlorophylle et stopper la cuisson, de faire tremper les aubergines épluchées dans de l'eau 10 minutes pour éliminer leur poison…). Des recettes, ou plutôt des idées, des astuces, des techniques. Je vous conseille un petit carnet à anneaux et feuilles amovibles pour y classer vos recettes et idées. Vous pouvez le faire par rubriques « Légumes », ce qui est le plus logique puisque ce sont eux qui devraient constituer notre alimentation principale (il est pratique d'avoir deux ou trois recettes pour chacun des légumes de saison que nous aimons). Ou par saison, avec des idées de plats de résistance uniquement, par exemple. Ou par soupes. Ou par sauces (tout aussi importantes, sinon plus, que les autres ingrédients). À vous de choisir. Mais, plus que des recettes, notez dans votre carnet des idées. Feuilletez-le avant d'aller faire les courses. Vous pouvez y consacrer également une rubrique réservée aux idées de repas.

Quatrième partie

LE PLAISIR DE CUISINER AVEC MÉTHODE ET PROPRETÉ

CUISINER AVEC MÉTHODE

Préparer les repas de façon systématique est un gain de temps

« J'observais Midori, qui faisait la cuisine avec ardeur. Elle s'occupait de réaliser quatre plats en même temps, en bougeant avec adresse et agilité. Venait-elle de goûter ce qui était en train de mijoter qu'elle découpait aussitôt quelque chose à toute allure sur la planche, puis sortait autre chose du réfrigérateur pour le disposer dans une assiette, avant de laver rapidement une casserole dont elle n'avait plus besoin. »

Murakami Haruki, La Ballade de l'impossible

Les maîtresses de maison japonaises ont toujours eu pour principe de préparer leurs repas dans l'ordre. On lave le riz et on le laisse reposer 10 minutes. Pendant ce temps, on lave les légumes et on les coupe. Pendant que le riz cuit (10 minutes), on prépare la soupe, puis, pendant que le riz finit d'absorber la vapeur, à feu coupé (encore 10 minutes), on fait cuire le plat principal qui doit être servi chaud. Quoi qu'il en soit, prenez toujours de l'avance. Mettez des œufs à cuire dans l'eau des pâtes, réservez une cuisse de poulet pour le lendemain, préparez une sauce dans un petit pot… Ayez toujours une longueur d'avance. Ayez aussi toujours deux battes (ou deux assiettes) à vos côtés lorsque vous cuisinez : l'une pour les légumes à éplucher et leurs déchets, l'autre pour les légumes coupés et lavés. Pensez aussi à une serviette pliée pour poser les couvercles chauds et ainsi éviter de salir votre plan de travail. Ayez une sorte de rituel des gestes ainsi que de la disposition des ustensiles sur le plan de travail ; tout se déroulera sans hésitation. Chaque geste deviendra automatique. C'est cette fluidité d'exécution qui apaise, calme, détend.

Apprendre, un à un, les gestes

« La liberté naît petit à petit de la somme de certaines actions. Nettoyer avec soin les moindres recoins apporte une immense satisfaction. L'esprit, vidé et nettoyé encore et encore, demeure libéré d'émotions perturbatrices. Un nettoyage sans cesse répété, voilà la pratique du zen. »

Keisuke Matsumoto, La Maison zen *(Points, 2018)*

Quelqu'un disait que les Japonaises ont des gestes menus qui étirent le temps et l'espace, qu'elles embellissent tout ce qu'elles touchent. Serait-ce l'influence culturelle zen, transmise à travers la cérémonie du thé et qui enseigne les gestes, qui les habite ? La main, ai-je lu quelque part, est comme un ustensile : elle déchire, coupe, serre, roule, tapote, étale, mais aussi elle nettoie, frotte, essuie, range. Les pratiquants de la cérémonie du thé sont obligés d'apprendre et répéter chaque geste, un à un, pendant des années. Cela peut paraître infantile et frustrant mais un jour, miraculeusement, ceux-ci se font tout seuls, s'enchaînent avec souplesse et facilité, sans hésitation, comme lorsqu'on joue d'un instrument de musique. On devient alors plus efficace, on dépense moins d'énergie physique et nerveuse. C'est la même chose en cuisine. Des milliers de sites montrant comment découper les légumes, par exemple, sont à votre disposition sur Internet. Servez-vous-en.

Anticipez vos repas

Le matin, sortez les aliments du réfrigérateur à l'avance (manger froid n'est ni bon, ni sain), ne serait-ce que quelques morceaux de bacon congelé, une tomate et un œuf. À midi ou le soir, il ne vous restera plus qu'à sortir la poêle et quelques feuilles de jeunes pousses du réfrigérateur. Pendant que la poêle fera son travail, vous préparerez une petite sauce maison. Pas de précipitation, pas de panique. Vous n'aurez pas le souci, toute la matinée, de savoir ce que vous allez faire à manger.

UNE CUISINE TOUJOURS PROPRE

La propreté de la cuisine

« Une des qualités du maître de thé est de savoir balayer, nettoyer et laver, car il y a vraiment de l'art dans la propreté et la netteté ».

Okakura Kakuzō, Le Livre du thé
À propos du lieu où est pratiquée la cérémonie du thé au Japon...

Lors d'une interview, la regrettée actrice japonaise Kirin Kiki disait qu'elle nettoyait sa cuisine impeccablement chaque soir, après le repas, et que le test ultime était de passer le bout des doigts sur la surface intérieure de son évier. Je connais plusieurs personnes qui détestent cuisiner par peur de salir. Un plan de travail sale et encombré monopolise l'espace et inhibe l'envie de cuisiner. Rien n'est plus déprimant que des torchons tachés ou qu'une poubelle qui déborde et sent mauvais. Avoir des couverts souillés dans l'évier décourage de se mettre en cuisine. Ne pas savoir où poser sa salade, lorsqu'on rentre du marché, sape l'énergie. Sans parler des odeurs, des surfaces grasses, des miettes sur le sol. La cuisine, dans un foyer, est l'endroit qui se salit le plus et qui est le plus difficile à nettoyer. Pour cela, toutes sortes de héros que l'on ne loue jamais sont nécessaires : produits, brosses et éponges pour la vaisselle, produits et chiffons divers pour les surfaces murales, le conduit de canalisation, le four, la hotte, le sol, gants de vaisselle et de ménage, torchons, balais, serpillières, cuvettes, poubelles, sacs-poubelle… Cet attirail volumineux et spécifique envahit et encombre une bonne partie de nos placards. Mais, d'une part, on peut le simplifier, et de l'autre, apprendre à moins salir.

Nettoyez au fur et à mesure que vous cuisinez

Lorsque vous passez à table, il ne devrait rien rester à nettoyer, à part vos couverts. Avant de vous mettre en cuisine, sortez tous les ingrédients, et faites les dosages pour éviter de surcharger le plan de travail. Vous aurez tout à portée de main et n'aurez pas besoin de courir partout en préparant votre recette. Ce n'est pas seulement une question de place, mais de confort. Personne n'aime faire la vaisselle. Pour minimiser cette corvée, deux impératifs : l'un, laver au fur et à mesure, l'autre, salir le moins d'ustensiles possible. Vous avez terminé avec la râpe à fromage ? N'attendez pas pour la laver pendant que le plat mijote ; faites tremper les plats collés, lavez votre planche et votre couteau, passez la poêle à l'eau et frottez-la avec une brosse végétale puis essuyez-la si elle est en acier, ou mettez-la sur le gaz ou sur la plaque à induction quelques instants si elle est en fer ou en fonte, pour qu'elle ne rouille pas avant même que vous ayez commencé à manger (si elle n'est pas sale, un morceau de Sopalin suffira à la nettoyer avant de la ranger). J'ai toujours aussi une petite brosse à dents pour nettoyer une râpe, un caoutchouc de blender, les fils de la fane de maïs… La vaisselle devrait avoir été nettoyée au fur et à mesure de la préparation du repas, et la cuisine ne pas être un champ de bataille quand vous commencez à manger. Quand vous débarrassez la table, mettez tous les couverts sales dans une casserole ou une cuvette d'eau savonneuse pour économiser l'eau, afin d'éviter que les restes de nourriture ne durcissent. Commencez par laver ce qui n'est pas gras (verres, tasses à café…).

Laisser sa cuisine impeccable le soir

Nettoyer sa cuisine fait planer une atmosphère qui détend l'esprit et aide à ordonner la vie intérieure. Frotter un sol jusqu'à ce qu'il devienne impeccable, c'est nettoyer son esprit, c'est être dans l'instant présent, ne songer à rien, rester concentré. Balai, chiffon humide et essoré… laisser sa cuisine impeccable le soir, c'est bien commencer sa journée : dans le Japon ancien, le « lendemain » commençait à la nuit tombée. Mon rituel préféré, c'est un coup de spray d'alcool à 77 degrés sur mon plan de travail, ma plaque à induction et l'intérieur de mon évier.

Quelques astuces pour un nettoyage facile

- Le blender : y verser de l'eau et du produit à vaisselle et le mettre en marche quelques secondes avant de le rincer.
- Le fond des casseroles : verser un peu de vinaigre dans l'eau de cuisson à la vapeur des légumes.
- Gratter à sec, avec un bouchon de bouteille en plastique, un plat en fonte brûlé.
- Nettoyer une friteuse en la frottant avec de la farine et du Sopalin.
- Frotter au papier de verre à grain très fin un cul de casserole en inox brûlé, ou des objets en bois tachés.
- Une fois par semaine environ, nettoyer à fond ses ustensiles en inox avec de la pierre d'argent ou un produit similaire : ils resteront rutilants des années.

Éviter de salir trop de vaisselle

Rachel Khoo, chef de cuisine renommée, a réalisé une série de vidéos dans sa cuisine parisienne lilliputienne d'à peine 3 mètres carrés. Son secret pour cuisiner dans si petit et avoir peu de vaisselle à laver ? Une seule et même grande bassine en émail pour laver, éplucher, mélanger, pétrir…

Vous pouvez, vous aussi, pour éviter de trop salir :

- réchauffer les boîtes de conserve ouvertes au bain-marie ;
- écraser à la fourchette, pour éviter d'avoir une planche à découper salie, un œuf dur dans un bol ;
- préparer une pâte à tarte ou à pain dans un sac en vinyle : y mettre tous les ingrédients (farine, eau, beurre, sel…) et malaxer jusqu'à ce que la pâte forme une boule, puis la laisser ainsi reposer et gonfler à température ambiante ;
- étendre de la pâte à tarte, sans la briser et sans rien salir, en la plaçant entre deux feuilles de papier à four légèrement plus grandes que votre moule, l'étaler avec un rouleau et enfin décoller l'une des feuilles avant de retourner la pâte sur le moule légèrement fariné ;
- utiliser, en guise de moule à faire griller des légumes au four, un rectangle ou un carré de papier sulfurisé plié aux quatre coins.

Le secret pour avoir une cuisine toujours impeccable ? Peu posséder

« C'est propre en ordre. »

Expression suisse

Une cuisine, pour être facile à entretenir, doit être plus facile à nettoyer qu'à ranger. Mon ami Bob vide complètement la sienne une fois par mois et nettoie tout, du sol au plafond. La tâche ne lui est pas pénible, dit-il, car il a très peu de vaisselle (quatre assiettes, quatre verres, quatre sets de couverts...). Le secret pour avoir un plan de travail toujours impeccable est de n'y placer que le strict minimum (ce que vous utilisez quotidiennement), ou, mieux encore, RIEN. Il est plus important d'avoir une cuisine facile à nettoyer qu'une cuisine où tout est à portée de main. Si tout avoir à portée de main semble faciliter la tâche, la nettoyer (le plus désagréable) prend alors deux fois plus de temps. On ne nettoie plus alors régulièrement, et quand il le faut vraiment, on y passe la matinée. Il faut aussi savoir que le type de feu sur lequel on cuisine salit plus ou moins les ustensiles : la plaque à induction salit moins que le gaz qui, lui, s'échappe d'entre les ronds et noircit le cul des casseroles. Recouvrez les ustensiles qui sont hors des placards (théière, vaisselle à sécher...) d'un linge. Évitez qu'une pile d'assiettes ne prenne la poussière en retournant celle du dessus. Si vous n'utilisez certaines vaisselles que très rarement, enveloppez-en les piles dans un cellophane. Recouvrez le dessus de votre réfrigérateur ou de vos placards d'un revêtement. Et puis… évitez de faire trop de cuisine à l'huile ou de faire griller des viandes.

Les petits secrets de ceux qui ont toujours une cuisine immaculée

« Pour que la peau de mon saumon au four n'attache pas, je mets des rondelles de citron au fond du plat, sur lesquelles je pose mes darnes qui ont été lavées et séchées au Sopalin. Je ne conseille pas de faire du poisson à la poêle. C'est une infection au niveau de l'odeur dans la cuisine, et partout ailleurs. Ça sent l'ammoniaque, même si le poisson est frais. La poêle, je ne l'utilise que pour les œufs et mon foie de veau. On fait très peu de steaks à la maison. Leur odeur de viande grillée m'écœure. La poêle en fonte ? Je ne trouve pas cela terrible. Trop lourd, épouvantable à laver. Ça pue un peu, ça attrape le gras… Non, non, non. Par contre, le four, oui, oui, oui. »

Jean-Michel, un ami

Certains ont toujours des cuisines impeccables. Ils font attention à éviter tout ce qui graisse, fume, salit. Leur four, leur hotte ne sont jamais sales (inutile de préciser qu'ils sont eux-mêmes généralement minces, cuisinant avec un minimum de graisse). Jean-Michel déteste les poêles car elles salissent, dit-il. Il ne cuisine que dans des plats à couvercle et se nourrit principalement de poissons au court-bouillon ou au four, de légumes frais en salade ou cuits à l'anglaise, de soupes, de bons fromages, ou de fruits frais ou en compote. Pour cuire son poisson au four, après avoir préchauffé celui-ci (le four doit être bien chaud, lui dit son poissonnier), il dépose dans un petit plat en terre ses filets de poisson « sur un lit de rondelles de citron ou de rondelles d'oignons blancs de Provence coupées fin, avec un filet d'huile d'olive, des herbes quelconques, un peu de fleur de sel et un petit coup de poivre au moulin ». Il attend 10 ou 15 minutes. Pour la cuisson de ses viandes, il utilise un baeckeoffe (plat alsacien en terre cuite) pour, une fois de plus, ne pas salir son four. Mais même dans le fond de son baeckeoffe, il ne met pas, comme cela se fait traditionnellement, d'huile ou de bacon ; il préfère étaler une couche de rondelles d'oignon : non seulement ses viandes n'éclaboussent pas le four de leur graisse, mais elles sortent du baeckeoffe croustillantes à l'extérieur et moelleuses à l'intérieur. Inutile de préciser que la propreté de son four est sa grande fierté.

LES DÉCHETS MÉNAGERS

En japonais, le mot « déchet » s'écrit avec deux idéogrammes : « protéger » et « beauté »

« Plus on se procure de biens,
plus il y a d'emballages à jeter et à faire enlever.
S'il n'y a pas de services sanitaires, la contrepartie
de l'opulence croissante deviendra une saleté
de plus en plus immonde. Plus la richesse sera grande,
plus la saleté sera épaisse. »

John Kenneth Galbraith, économiste

Si nous n'avions pas de déchets ménagers, notre cuisine serait probablement très facile à garder propre et rangée. Mais, il faut le dire, les ordures, c'est le casse-tête de tous les jours. D'autant plus que de plus en plus de pays commencent à imposer des lois sur le tri sélectif, des règles à respecter, des consignes strictes… Pour se simplifier la vie, il est donc important de considérer sérieusement la gestion de ses déchets ménagers de façon systématique et non stressante. Mais nous pouvons aussi, ce qui est de loin la solution la plus évidente, faire en sorte d'avoir le moins d'ordures possible.

Les déchets ménagers humides

Chaque ménagère a ses petits trucs. Chiyo prépare toujours, quand elle se met en cuisine, un petit sac en vinyle fin, sur son plan de travail, pour jeter au fur et à mesure épluchures, coquilles d'œuf, os de poulet ou arêtes de poisson. Elle noue alors, à la fin du repas, ce petit sac qu'elle place dans sa grande poubelle de cuisine pour les ordures combustibles. Isabelle préfère un Tupperware haut et étroit pour ce qu'elle a à jeter quand elle fait la cuisine. Sanae, elle, met ses ordures dans un grand saladier recouvert d'un couvercle. Ayant un jardin, elle le met, quand il est plein, à composter. Sachiko, qui aime les plantes et en a beaucoup sur sa terrasse, s'est confectionné un compost de la taille d'une petite poubelle : épluchures de légumes, coquilles d'œuf… cela est le meilleur des engrais pour ses plantes chéries. Certains, eux, congèlent leurs ordures humides puis ils vont les porter le jour du ramassage dans la rue. Il suffit de placer un petit sac en vinyle dans un accès facile de son congélateur. Inutile, même, de le fermer. Lorsque j'ai commencé à congeler mes ordures, j'ai été stupéfaite et ravie : l'épluchure de ma banane ainsi que mes feuilles de thé s'étaient toutes rabougries, ne sentant absolument rien. Les feuilles de thé étaient tellement sèches que j'aurais pu les réduire en poudre en les broyant avec la main à travers le plastique. Cette astuce est d'autant plus pratique que même dans un compost, on ne peut mettre des arêtes de poisson ou des os de poulet. Quant à ma poubelle, elle ne sent plus rien, puisque je n'y mets plus rien d'humide.

Les déchets ménagers secs

Cela prend un peu de temps, mais la meilleure façon de ne pas avoir de sacs trop volumineux d'ordures sèches (emballages, packs en carton…) est de les couper en petits morceaux ou de les compacter à l'aide d'un pliage serré et d'un morceau de scotch (une de mes amies garde toujours à portée de main un gros distributeur de scotch dans sa cuisine). Il est donc judicieux, pour plusieurs raisons, de choisir, lorsqu'il n'est pas possible d'acheter en vrac, des aliments emballés dans du carton ou du verre, plutôt que du plastique. Pensez à des produits concentrés, comme la purée de tomates, d'ails ou d'anchois en tube, les champignons et les algues séchés…

Le choix et le rangement des ustensiles à poubelles

« Gardez votre argent dans votre poche et… loin de la décharge. »

Béa Johnson, Zéro déchet

La première chose à faire est de rassembler tous ses « outils » à ordures (sacs de vinyle, sacs-poubelles, scotch, casier à bouteilles vides, papier journal…) dans un seul et même endroit. Sous l'évier par exemple. L'idéal, bien sûr, est de faire installer, sous le plan de travail, un grand tiroir spécial « poubelles » dans lequel vous aurez deux bacs pour le tri sélectif, les sacs, les bouteilles en verre vides… Une poubelle, sur le sol d'une cuisine, n'est jamais esthétique ni pratique quand on doit laver celui-ci.

Les solutions pour avoir moins à jeter

« Ne croyez pas aux promesses des campagnes marketing et à leurs prétendues astuces pour vous faire gagner du temps. C'est à elles que profite ce "tout-jetable". Que de temps perdu à enlever l'emballage, faire le tri de l'emballage, sortir les poubelles, les rapporter à l'intérieur, retourner au magasin renouveler son inventaire de gobelets en plastique pour une soirée. »

Béa Johnson, Zéro déchet

Elles sont multiples. Lisez le *Zéro déchets* de Béa Johnson : il est plutôt stimulant. Mais pour éviter d'avoir trop de déchets à jeter sans être aussi radical…

- Acheter des légumes et fruits bio pour ne pas avoir à les éplucher
- Acheter ses aliments au détail, en emportant ses propres contenants en verre ou en coton.
- Acheter, autant que possible, sa viande, son poisson ailleurs que dans les grandes surfaces. Ils sont alors vendus au détail dans du papier.

Et pour finir, parlons du lave-vaisselle…

— Pour le quotidien j'ai quatre assiettes plates,
trois assiettes creuses, douze ramequins et petits bols,
quatre grandes assiettes à dessert et six petites.
— Pourquoi autant posséder, alors que tu vis seule ?
— Parce que j'ai un lave-vaisselle.

Éternel et amical sujet de discorde
entre une de mes meilleures amies et moi

Autant je déteste cette machine, autant elle l'adore. À quoi bon une machine qui, de toute façon, ne nettoie pas les casseroles, les laques, la fonte, le fer, le bois (la chaleur du lave-vaisselle abîme leur manche), les délicats verres en cristal, et qui, de surcroît, ternit le Pyrex ? Et puis, une lessive au lave-vaisselle, cela prend au bas mot une heure. Cela consomme de l'énergie. Cela émet des odeurs. Cela fait du bruit. Sans parler du détergeant qu'il faut penser à racheter, des fuites occasionnelles, de l'entretien et des frais, du recyclage… Personnellement, j'adore laver ma vaisselle, sentir l'eau tiède et la mousse blanche contre mes mains, penser, méditer, rêver devant mon évier. Ou bien faire la vaisselle à quatre mains, avec quelque invité, à la fin du repas.

Conclusion

CUISINER, UN PETIT BONHEUR ACCESSIBLE À TOUS

Faire sa propre cuisine mène à une vie saine

« Un feu mourant
Mais soudain la casserole
Se met à bouillir »

Buson, Haïkus. L'art de boire et manger

Repenser sa cuisine, la désencombrer et simplifier la composition et la préparation de ses repas, c'est retrouver le bon sens et, en quelque sorte, pratiquer le « zen », en ce sens que cela nous indique le chemin concret vers un moyen pratique de surmonter les moments difficiles et de retrouver son calme intérieur. Cuisiner maison est un art du quotidien consistant à vivre avec mesure et équilibre. C'est une sagesse plus concrète et vécue qu'exprimée avec de beaux discours. Tout ce que l'on considère comme exceptionnel, que ce soit l'art, le lien avec la nature ou la spiritualité, peut être présent dans la vie de chaque jour. C'est de l'art non pas observé mais pratiqué, un outil pour développer son autonomie et sa liberté en tant qu'individu. C'est aussi une des façons les plus efficaces de pratiquer une résistance passive à la technologie mercantile qui consume ses consommateurs.

Cuisiner, c'est nourrir son âme

« Moi, je rends grâce. Rien que d'avoir de l'eau courante est merveilleux. Je rends grâce aux légumes quand je les lave... Nous devons vivre dans l'instant, avec la gratitude de ce qui nous est donné. Cette conscience élève notre taux vibratoire et nous aide à voir les choses différemment, à être dans une vision plus globale, à rester centré et vivre dans le moment présent. »

Yasmina Rossi

Prendre le temps de préparer un repas, c'est créer de la beauté pour nourrir son âme. Qu'en retire-t-on ? De la fierté, de la joie, le plaisir de vivre. En un mot, cuisiner, c'est l'art d'enchanter le quotidien. Dégustez un petit velouté de champignons préparé par vos soins, et vous saurez alors que rien ne vaut une telle expérience. J'ai toujours été stupéfaite du sérieux avec lequel la plupart des Japonais, même ceux qui vivent seuls, mettent un soin extrême à préparer leur repas dans les règles de l'art, à le servir toujours élégamment, puis à joindre les mains en signe de grâce avant de se mettre à manger, lentement, presque religieusement. Affaire de culture ? De morale ? Une chose est certaine : agir ainsi, c'est respecter sa vie et le privilège de pouvoir en prendre soin soi-même. Nous ne reviendrons jamais au mode de vie de nos ancêtres. Nous pouvons cependant retenir ce qu'ils nous ont légué de sagesse et de bon sens. Une fois que vous aurez pris le « pli », vous n'aurez plus jamais envie de consommer de surgelés, de fast-foods, de plats industriels ou de junk food. Plus jamais besoin de commander des repas Uber. Cuisiner ne vous angoissera plus. Cuisiner, au contraire, vous réjouira.

Le quotidien, sous son apparente banalité, recèle mille surprises palpitantes et insoupçonnées, le grand art étant de faire surgir l'extraordinaire de l'ordinaire. Tout petit repas préparé par soi, même très simple, peut faire découvrir l'extraordinaire sous la banalité. Chacun peut trouver des bonheurs, parfois menus mais multiples et dont la somme, clamait le grand sage chinois Li Yu, forme cette chose indéterminée, peut-être fantasmatique, qu'on appelle le bonheur. Un petit bonheur capable de faire échec à la routine, au machinal, à l'ennui. Un petit bonheur bien loin du bonheur avec un grand B devenu, de nos jours, une sorte d'abonnement collectif préfabriqué quasiment obligatoire. Même centenaires, c'est le trépas qui nous attend : il faut donc vivre heureux tant qu'il est temps, et pouvoir ainsi cueillir au vol les petites joies que la vie nous offre.

table des matières

9 **Introduction**

19 **Première partie**
ESPACE CUISINE, USTENSILES ET VAISSELLE

21 L'importance d'un espace à cuisiner pratique et ergonomique

27 Une « bonne » batterie de cuisine

51 Des ustensiles de qualité donnant envie de cuisiner bon et sain

72 La taille et le volume des ustensiles

78 Peu de vaisselle mais de la vaisselle qui est « nous »

90 Se constituer un arsenal de cuisine ne peut être que personnel

101 **Deuxième partie**
COURSES ET STOCKAGE DES ALIMENTS

103 L'art de faire les courses

116 L'art de stocker ses denrées

133 Le coût du fait maison et celui de l'alimentation industrielle

141 **Troisième partie**
PLUS QUE LES RECETTES ET LA PLANIFICATION, DES TECHNIQUES ET DE L'IMPROVISATION

143 Cuisiner sans recette

154 Cuisiner avec deux ou trois ingrédients seulement

158 Plutôt que de planifier, composez

167 Quelques techniques de base

180 Soupes et salades

186 Une poêle, un plat complet

188 Si vous tenez quand même à avoir quelques recettes...

195 **Quatrième partie**
LE PLAISIR DE CUISINER AVEC MÉTHODE ET PROPRETÉ

197 Cuisiner avec méthode

200 Une cuisine toujours propre

208 Les déchets ménagers

215 **Conclusion**

MIXTE
Papier issu de sources responsables
FSC® C003309

L'éditeur de cet ouvrage s'engage dans une démarche de certification FSC® qui contribue à la préservation des forêts pour les générations futures.

Pour en savoir plus :
www.editis.com/engagement-rse/

Cet ouvrage a été achevé d'imprimer en octobre 2022
sur les presses de Normandie Roto Impression s.a.s.
61250 Lonrai (Orne)
N° d'édition : 64435/01 - N° d'impression : 2204903

Imprimé en France